认真做小事　成就学生和自己
——一个普通班主任的教育故事与思考

方 莼 著

苏州大学出版社

图书在版编目(CIP)数据

认真做小事,成就学生和自己:一个普通班主任的教育故事与思考 / 方莼著. —苏州:苏州大学出版社,2017.10

ISBN 978-7-5672-2256-4

Ⅰ.①认… Ⅱ.①方… Ⅲ.①中小学-班主任工作 Ⅳ.①G635.16

中国版本图书馆 CIP 数据核字(2017)第 249140 号

书　　名:	认真做小事　成就学生和自己
	——一个普通班主任的教育故事与思考
作　　者:	方　莼
责任编辑:	金莉莉
装帧设计:	刘　俊
出版发行:	苏州大学出版社(Soochow University Press)
社　　址:	苏州市十梓街1号　邮编:215006
印　　装:	宜兴市盛世文化印刷有限公司
网　　址:	www.sudapress.com
邮购热线:	0512-67480030
销售热线:	0512-65225020
开　　本:	700mm×1000mm　1/16　印张:12　字数:222千
版　　次:	2017年10月第1版
印　　次:	2017年10月第1次印刷
书　　号:	ISBN 978-7-5672-2256-4
定　　价:	30.00元

凡购本社图书发现印装错误,请与本社联系调换。服务热线:0512-65225020

序 言

方莼是我的徒弟,一名初中英语老师,从进入"于洁工作室"开始,整整四个年头了。

也许很多老师会觉得一名一线的普通教师要出一本自己的专著是一件比登天还难的事情,想都不敢想。那么,方莼的出书经历,也许会让大家改变原来的一些想法。我鼓励她出自己的书,就是希望能带给一线教师一些触动。

不是语文老师也能写?

"于洁工作室"的规定是成员们每个月26日前必须上交给我一篇新鲜热乎的班级案例故事,字数在1200左右。我记得方莼听了后脸色发白,其实何止她发怵,几乎所有的成员都眉头紧皱、脸色凝重。

"师父,我是英语老师。"她大着胆子抖着声音。

"我不要文采,就只要你如实记录,成功的,失败的,都可以。其实我要的不是文章,而是要你从现在开始细细观察你的学生,记录你的学生,记录你自己的教育过程。"我一竿子把她的畏难情绪不自信心理打到地底下。

"好,我写,不行师父再改。"她说。

我欣赏这样的方莼,有的人一旦有了畏难情绪,就把它变成自己不作为的理由,任由自己躺地不起。方莼像堂吉诃德,扛了笔就开始了冲锋陷阵。

一开始自然是不咋样的,但是写作总有个从笔底酸涩到文思泉涌的过程,每个月的一篇都能看到她的尽力而为。她对学生的观察越来越细腻,她笔下的人物也开始形象分明。

第二年,她加入了每周三晚上的"于洁沙龙",这下子变成一个星期要写一篇案例或者反思了。我时常会在第二天早晨看到她在QQ上发给我的作业,一看时间基本都在深夜十一二点。

我感动于这样的方莼。人的成长虽然需要导师的引路指点,但是说到底,仍是自己一个人的事情。若是自己不要,九牛二虎都拉不动。这是我时常对学生说的话,也适用于年轻教师。我对方莼说:"你在我的工作室待三年,算一笔账,如果我们确立的主题就是立足于我们的教室,观察研究我们的学生,每月一篇,三年就是36篇,就是一本薄薄的书了,一定很有成就感。更何况你现在每周写一篇,那便是很像样的一本厚书了。"

三年眨眼过去了,"于洁工作室"第一批成员出师,我开始收第二批成员,方莼留了下来,一方面以老带新,一方面继续跟随我研究学生、实践教育。

她的文章渐渐地开始发表在各类省级刊物上,成就感爆满。

其实,"于洁工作室"的成员中,有语文老师,还有美术老师、数学老师,都在各自的一亩三分地上辛勤耕耘,记录学生,记录自己。

弱者把一切当绊脚石,强者把一切当垫脚石。如果你不是个语文老师,那么,看看方莼吧。

工作量满满也能写?

方莼是初中老师、班主任,负责两个班级的英语教学。除了这个教师身份外,她还是两个孩子的妈。孩子自己带。

我问她:"方莼,你每周三晚上八点到十点要参加于洁网上沙龙,还要撰写沙龙作业,你是怎么安排你的时间的?"

"其实,我是从周二就开始准备了。当沙龙的讨论话题在周二公布的时候,我就一直在思考打腹稿。到周三,我们家的晚餐就做最简单、最快捷的食物,我的两个孩子都知道周三晚上是妈妈的学习充电时间,是很重要的一件事情,所以她们在我参加网上沙龙的时候,就静静地自己看书。其他时间都是我哄小的孩子睡觉,周三就是我丈夫去哄她睡觉。"方莼这样回答我。

真好!妈妈好学、上进、努力学习的样子,深深影响了孩子们,而父亲这个角色也因此而发挥了应有的作用。这真是一举三得了。

"时间挤挤总有的,这是我最切身的感受。"如果你抱怨忙碌没时间写东西,方莼一定会这样告诉你。

团队让你走得更远

也许"一个人走得快,一群人走得远"这句话已经被用得太滥,可是在"于洁沙龙""于洁工作室"成员们看来,这句话真是真理。

每个周三的晚上,沙龙里思想火花迸溅,因为严格控制了沙龙人员数量,所以每个人可以充分发言,可以争鸣。沙龙成员像兄弟姐妹,严肃又活泼。方莼在沙龙氛围中如鱼得水,总能有自己的想法,又能在其他成员的发言中获得灵感。沙龙里还有她的师妹们,师姐师姐地嚷嚷着,某种程度上也让她有一种必须要努力超越原来的自己的动力。

　　记得有一次,一个成员把自己建立班级"食品应急箱"的做法写了出来发到沙龙里,把遇到的挫折和困惑向成员们诉说,希望群策群力。

　　一石激起千层浪。沙龙成员立即开始了班级管理"微创造"的分享。方莼也介绍了她班级里的"粮食仓库":我准备了超大的蓝色储物盒,用塑料分隔板做了隔断分成八格,每个格子固定供一个小组放食物。每天早读前,生活委员要求同学们把带来的食品放进相应的格子。我们事先讲述了垃圾食品的危害,并对可带的食品做了讨论。生活委员如果发现糖果或不健康食品,就扣留放到我办公室,放学时再让该同学带回家。牛奶、酸奶上午十点可领取吃,其他食品下午四点领取。在保证卫生和秩序的条件下允许分享。一经发现有故意违反规定的同学则停止一周带食品。一开始有些同学会有打擦边球的心理,但是认真执行一段时间后就秩序井然了。

　　而其他成员的做法仿如百花开放,我看了也心动不已,最近的班级管理中也把一些做法结合本班实际试行,收到很好的效果。

　　方莼在这样的一个团队中,没有时间去职业倦怠,她说"鸡蛋要从里打破",这样才能获得生机。

　　是啊,在教育一线的土地上,有多少个方莼在默默地耕耘着,尽心尽力地做好每一件小事,也正是因为有这么多的勤奋内敛的方莼,才让教育的土地春夏秋冬都有累累硕果。方莼们在成就学生的同时,也成就了自己。

于　洁

目 录

木篇 教育如木

半颗心，如何真正成长？	/ 3
他曾要与数学老师同归于尽	/ 8
团队的力量	/ 10
讲道理与做事情	/ 12
女老师"杀手"变形记	/ 14
睦睦的糖罐	/ 17
喜欢修改题目的孩子	/ 20
一言不合就倒地	/ 22
玻璃心的"冶炼"	/ 24
她能胜任吗？	/ 26
请让我继续守护你的慢递	/ 28
考试作弊之后	/ 30

火篇 教育似火

让孔雀鱼绽放它的美丽	
——初二(11)班接班手记	/ 35
班级诊所的彩色处方	/ 39
披着民主外衣的专制	/ 41
我们班的"朋友圈"议事	/ 43
"吃货"也有正能量	/ 46
蔬菜头也疯狂	/ 50
先扶后放练自主	/ 53
七天，让班级运转自如	56

我们班的合约式班规　　　　　　　　　　/ 61
大家来坐"热板凳"　　　　　　　　　　/ 66

土篇　教育像土

及时清理"未完成情节"　　　　　　　　/ 71
我在终点守望你的起点　　　　　　　　/ 73
诺言，究竟是什么？　　　　　　　　　/ 75
大眼睛女孩的梦想　　　　　　　　　　/ 79
捡了一堆"麻烦"　　　　　　　　　　　/ 82
失败是一颗美丽的种子　　　　　　　　/ 84
当下，怎样才是爱国？　　　　　　　　/ 86
预祝你生日快乐　　　　　　　　　　　/ 88
真相其实没那么重要？　　　　　　　　/ 91
老地方，不见不散　　　　　　　　　　/ 93
你们需要接个力　　　　　　　　　　　/ 95

金篇　教育赛金

白纸还是种子？　　　　　　　　　　　/ 99
焐不热的"石头心"　　　　　　　　　　/ 102
真正的"拿来主义"　　　　　　　　　　/ 105
学会聆听，慢慢说话　　　　　　　　　/ 107
面对丧亲我们能做什么？
　　——《90后的思维为何如此》读后感　/ 109
爱如体温，适宜为佳
　　——答复一位为叛逆学生所困扰的同行　/ 111
女神、女汉子和公主病　　　　　　　　/ 113
缝隙，恰是阳光进来的地方　　　　　　/ 116
搜题软件："帮手"还是"枪手"　　　　　/ 118
管好压岁钱，打败CPI　　　　　　　　　/ 120
别把早恋当成"瘟疫"　　　　　　　　　/ 122
将"理性"翻到正面来　　　　　　　　　/ 124
嘿，只要迈出"一小步"就好　　　　　　/ 126

倾听最需要耐心 /128
家校联合就是要双管齐下 /130
别忘了,孩子有一颗玻璃心 /132
包容不纵容定能有办法
　　——关于课中学生上卫生间引发的一点思考 /134
要爱学生,先爱自己 /136
汲取力量,坚持前行 /138
爱得理智,罚得明白,管得巧妙 /140

水篇　教育是水

家和才能万事兴 /145
苦藤上也能结甜果 /148
到底谁才是妈 /151
家庭是一台复印机 /153
用好"双刃剑" /156
扶起倾斜的天平 /159
帮助父母只做父母 /162
拔刀相向的父亲 /164
甘做"地板"的母亲 /166
别让"快乐"甚嚣尘上害了孩子
　　——写给涛涛爸爸的一封信 /169
及时筛查,尽早干预 /171

后　记

教师,我无悔的选择
　　——在成为教师后的第16个教师节写给自己 /175
外加的是压力,内发的是动力
　　——我在"于洁班主任工作室"中获得的成长经验 /178

木 篇

教育如木

　　木,这个字的写法是由中心一点向四周围打开,正如春天万物复苏。这是一个能量由一点延伸至一条线,乃至整个面的过程。我们的教育亦是如此,往往打开了一个点,就能迎来一个新的局面,让原本糟糕的事情转而向好的方向发展。

半颗心,如何真正成长?

暑假快结束时,我收到接手一个初二班级的通知。去做交接工作时,问起这个班里有哪些需要特别关注的学生,原班主任的反应让我稍稍有点意外。她没有直接回答我,而是从资料夹里找出一份文件给我,上面赫然印着《责任协议书》5个大字。我心里咯噔一下——这类协议是跟有特殊体质的孩子的家长签的,这意味着该学生的健康有较严重的问题。我接过来,翻开一看,是一个名叫小泰的学生,他所患的疾病是复杂性先天性心脏病。当我问起小泰的具体情况时,原班主任也不大清楚,只说每天都要有小泰的到校记录,所有的体育活动小泰都不能参加,顶多可以安排一些可做可不做的事情给他。

这个小泰到底是个什么样的学生呢?我不由得好奇起来。

中午,在餐厅,我正好遇到校医。于是,我便跟校医坐在一起,问她对去年新生中一个患心脏病的学生有没有印象。没想到,她脱口而出:"你说的是小泰吧?"我心中一喜。而她接下来的话又让我有些背脊发凉的感觉。"这个学生只有半颗心。你可千万别对这个学生有任何要求。"什么叫半颗心?我满是疑惑,不禁问出声来。校医叹了口气,解释道:"正常人的心脏都有两个心房、两个心室,这你知道吧?"我点点头。"这个孩子生下来就只有一个心房、一个心室。明白了吧?"原来如此,怪不得不能参加任何体育运动。"那这个病要怎么治疗啊?能通过手术搭出另一半心脏吗?"校医听了,摇摇头,答道:"如果是缺损还可以用手术修补,他这种情况唯一的解决办法是换心,可是谁又能把心换给他呢?"谈到这里,我忽然觉得口中的食物索然无味了。于是,我向校医道谢,起身离开了。

我又从年级主任和原任课老师处陆陆续续地了解了小泰的一些在校情况。开学这一天,内心忐忑不安的我终于见到了这个只有半颗心的学生。

一天,我正在讲台上整理一些要发给学生的东西,一声气喘吁吁的"老师好"打断了我。我转头一看,一个脸色苍白、嘴唇没什么血色的男生正喘着粗气,露出一对可爱的小虎牙,向我怯怯地笑着。他见我转过头来,虽然还是很喘,但又说了声"老师好"。种种迹象告诉我,他就是小泰。我不禁对他笑了笑:"你好呀。你叫小泰,是吗?"他眼睛里满是惊讶:"老师,您知道我的名字?"我微笑着向他点了点头,说:"我们的教室在三楼,爬楼挺累的吧,坐下来休息吧。"他一边走向自己的座位,一边不停地回头看我。目光一相遇,我就对他笑一笑。就这样,这个有着半颗心的学生正式进入了我的视线。

第一堂班会课上,我和学生相互做自我介绍。轮到他时,他大声说出了自己的姓名,并说自己喜欢玩电脑游戏,说完后"呵呵"地笑了两声。他尽量让自己显得和同龄的男生没什么不同,但我总觉得他的笑声有点牵强,不由得心底升起一阵怜悯之情。我总想着,小泰只要平平安安就好,其他事情都如校医所说,就对他不做要求了吧。而其他任课老师也因为同样的原因区别对待他,格外照顾他。

接下来的日子就这样在有规律的学校生活中如溪水般慢慢地流淌过去。我原以为,在大家的包容和关心下,小泰应该会享受这一切。但事情并非如我所愿。一个月来,周围同学对他的投诉越来越多——乱扔纸屑,不讲卫生;上课插嘴,影响他人听课;课间吵闹,说粗话;喜欢惹其他同学……

终于,有一天中午,我一下子收到了5个学生对他的投诉,而且个个义愤填膺。为了平息众怒,我不得不批评他,但面对这一境况,他竟然一笑而过。这令我惊讶万分。我仔细观察他的表情,发现他毫无愧疚,似乎只是把这个当成一个游戏。

于是,我悄悄给他的母亲打了个电话,婉转描述了他在学校里的情况,再向她了解小泰在家及之前在校的表现。通过长达半小时的通话,一个调皮又恃宠而骄的孩子的形象渐渐浮现在我脑中。我忽然意识到,我们对他所谓的"保护"其实剥夺了他的存在感和价值感,导致他不能真正融入集体。他这些看似令人讨厌的行为,其实是无声的抗议。他想让我们看到他的存在。于是,我下定决心要让他体验到自己的价值,并真正融入集体。

正好学校要举行运动会,我便在宣布运动会期间的注意事项时提出需要一名学生帮运动员保管衣物,同时负责给回班级区域的运动员递水。好几个学生主动要求承担这项工作,但我点了小泰的名字,而给那几个学生安排了搞卫生和啦啦队的工作。课后,学生们窃窃私语,似乎怀疑小泰能否胜任这项工作。小泰有点儿赌气地向我保证一定做好这项工作。运动会期间,他有序地做好了这些后勤保障,见体育委员也有项目要参加,还主动帮忙,根据秩序册提醒班内运动员上场参赛。当长跑运动员跑到班级区域时,他虽然没挤到跑道边,但也在后面大声喊着同学的名字,为同学加油。这次运动会,我们班拿了总分年级第二的好成绩。当体育委员领回奖状时,还特意拍了拍小泰的肩膀说"谢谢"。我发现这次小泰的笑容与平时有些不同,他的眼睛里多了以往没有的光彩。

之后,我调整了他在班内负责的事项。原来只让他负责擦饮水机,现在除此之外,还让他管理班级的电灯、电扇、电视机和讲台电源开关。因为他不需要做操,放学时怕跟同学挤,走得也比较晚,就有了充足的时间来管理这些事情。这些容易让班级扣分的项目,自从他管理了之后就再也没出过差错。慢慢地,他还主动管理起班级的植物。看着他井井有条地做着这些事情,不再以惹同学为乐,我的心里踏实了不少。入冬时,气温骤降,他感冒了。由于体质差,他早上起来一咳嗽就吐,只能请假在家休息。这一病就4天。周五早上,他一进教室,同学们就叽叽喳喳地跟他说开了。"小泰,你总算来了。你不知道,你没来,代你管理开关的某某总是忘记,害我们这周都扣了两次分了。""你不来,教室里的花都蔫了。你看——""你感冒好点了没?"……他被同学众星捧月似的围着,脸上渐渐露出笑意,说着"没事没事"。看到这一切,一个新的想法在我脑中渐渐浮现……

接下来一周的班会课上,我组织学生玩了一个游戏,叫作"热板凳"。每组围成一个圈坐着,中间放一个凳子大家轮流坐。围成圈坐的学生对着坐在中间的学生,以"有你在真好"开头说肯定的话,接着再说一说因为有他,周围的同学有了什么好的感受。下课铃声响起时,学生们还停不下来,都兴致勃勃地交流着。这天放学时,小泰特别大声地向我说了"再见",小脸上竟然红扑扑的,不是那么苍白,眼睛也泛着亮闪闪的光芒。

这天晚上,我接到了他妈妈打来的电话,电话一接通,他妈妈就不停地向我道谢,说从未见小泰这么高兴过。接他回家的路上,他就向妈妈描述着当天同学们对他的肯定,他觉得自己在这个班集体里特别有价值。我说,他能这样觉得,我特别高兴。在通话中,我还向他妈妈提出在家里也可以让他从事一些不太累的家务活,这样比什么都不让他干更能令他快乐。

就这样,这个只有半颗心的学生慢慢地融入集体,体会到因为自己的存在使周围的人感到生活更美好,找到了自己存在的价值,真正地成长了起来。

我后来的反思:对于特殊体质学生这个群体,我们往往会过多地关注他们的身体健康,甚至为了确保不出意外,在保护的名义下剥夺他们履行义务和参与活动的机会。这像极了童话故事《巨人的花园》。表面上,这是爱他,实质上却让他的心伤痕累累。

曾有加拿大的专家对患有先天性心脏病的孩子做过跟踪研究,相关报告显示,因为健康问题经常缺课或休学会使患儿感觉孤立。另外,身材矮小、手术伤疤、紫绀和精力不足也使其觉得自己和其他儿童不一样、不正常,在与同

伴交往上发生困难。这些孩子还会由于经常遭到同伴的取笑而难以加入同伴的活动,会感到自卑。进入青春期后,他们就会有更多的问题。从发展心理学的角度来看,这个时期充满了各种困难、挑战和矛盾,这个时期最重要的发展任务是调和内心的矛盾,让身心平衡发展。因此,他们常常会将自己的真实感受埋在心底,而情绪和行为则会出现各种问题。有的学生表现得比较自卑、忧郁,总是担心自己会受到别人的嘲笑和伤害,做起事来瞻前顾后、畏首畏尾。同样,由于自卑,有的学生则会表现出十分要强,事事要争第一,形成偏执的人格,从而使自己压力倍增,痛苦不堪。也有像小泰这样的,由于被过度保护,心理年龄偏小,用惹事来引起别人注意,从而加强自己的存在感。而我们教师所谓的特殊关照,如减免他在班级内应做的工作,反而不利于其融入集体和建立良好的人际关系。在家庭中,家长更容易因为孩子身体不好而大包大揽,替代他做完他本来可以自己做的一切。长此以往,不知不觉会将其在集体和家庭里边缘化,从而使其更自卑,甚至没有存在的价值感。这些做法都不利于他们的真正成长。

其实,在保障其安全的情况下,让其从事一些力所能及的活动更有益处。在小泰身上,我就清楚地看到了这一点。家长、教师对他的过度保护压得他透不过气来,种种替代行为令他丧失了成长的机会。他想要融入集体,却不知道该怎么办;他想和同学搞好关系,但完全不得法;他想要引起别人的注意,却引来了别人的反感。于是,他在不知不觉中成了一个麻烦制造者。我想,只有给他创造为集体服务的机会,告诉他正确的处事方法,他才能展现出正向、积极的一面,实现真正的成长。具体做法,我就从三个方面来分析。

第一,创造机会,唤起信心。

我抓住学校开运动会这个契机,有心要给小泰找他可以胜任的事情来做,又当着全班的面很正式地分派任务,为的是营造一个团结而庄重的氛围,给他创造一个融入集体的机会。而在这样郑重其事的安排下,我知道,他必定会认认真真地完成这些任务,且又能使他赢得同学和教师的肯定、集体的信任,从而唤起他的自信心,让他找到自己的存在感和价值感。

第二,巩固信心,提高能力。

在小泰获得了同学认可之后,我改变了他的班内任务。一方面,我趁热打铁,让他更好地融入集体;另一方面,我让他知道他可以通过为班级服务而不是惹事获得大家的关注。而他则在集体的舆论和关注下,慢慢提高了处事能力,最终能将任务很好地完成,这也是对他刚刚建立起来的信心最好的巩固过程。这个过程中,集体既有监督作用,又起到了肯定和鼓励的作用,真是一举两得。

第三,正向评价,促进自信。

在一切上了正轨之后,小泰的一次感冒请假又带来了另一个教育契机。那时,同学们已经完全认可了他,他也能感受到自己已经很好地融入了班集体。我接下来在班会课上所设计的这个游戏,目的就是让他更清晰地接受集体对他的正向评价,从而提升他的自信,帮助他更牢固地建立他对自己的认同感,找到存在感和价值感。因为,这对于青春期的孩子来说很重要,而对于小泰更是至关重要。值得高兴的是,从家长后来反映的情况来看,这种做法确实非常有效。

不经历风雨的花朵,即使在阳光下也难以散发出芬芳。因此,对于特殊体质的学生,我们依然需要以一颗平常心来对待,千万不要以保护和爱的名义阻碍了他们的正常成长。

[发表于《福建教育》(德育)2014年第4期]

认真做小事 成就学生和自己

他曾要与数学老师同归于尽

每个老师在假期里都会有几个让自己放不下心的孩子。而这个寒假,自始至终都让我牵肠挂肚的就是我们班的小Z,这个曾扬言要与数学老师同归于尽的孩子。

刚踏入中学门槛的小Z由于基础差,又贪玩,开学不久就因为经常拖拉作业,被我们班的数学老师盯上了。

一天午休时,数学老师摇醒了正趴在课桌上午睡的小Z,问他要作业,他却忽然大哭起来,还叫嚷着要与数学老师同归于尽。我听到动静后急忙赶到了教室,把他带到了教学楼边上的访谈室。由他发泄了一阵后,我给他递餐巾纸、倒水,花了整整两节课的时间去倾听他的苦恼,安抚他的情绪,好不容易才让他平静下来。之后,我又跟数学老师做了沟通。虽然后半学期,数学老师放低了要求,小Z再没有过激的行为,但是,他和数学老师之间的隔阂直接影响了他这门课的学习。期末考试,130分的试卷他才考了9分,全年级最低。

整个寒假,我一直在思考该怎么帮助这个孩子。最终我决定从两方面入手。

在与数学老师认真讨论后,我们发现,光放低要求是不行的,还要想办法提高他的学习劲头才行。上学期,我在班上尝试了"印章奖励",深受孩子们欢迎。累积到五个以上就可以换取各种学习用品作为奖励。与数学老师讨论后,我打算换一个方式在数学上沿用此法。我做了一些彩色的表扬纸条给数学老师,不同的良好行为,就给不同颜色的纸条来表扬,当达到一定数量就给予小Z合理奖励。为了不显突兀,就在班级里一些有学习困难的孩子中一起推广使用。

开学报到那天,我就以定学习目标为由找了几个学习上有困难的孩子谈话,其中包括小Z。我先从寒假生活的询问入手,气氛轻松、愉快。接着我们又展望一下这学期的学习。随后,就谈到了数学的学习,他依然对数学老师十分反感。于是,我让他做个思考,想出三个不喜欢数学老师的理由。果然,他一口气说出了好几个。而当我再让他想一想是否也可以找到三个喜欢数学老师的理由时,他鼻子里发出哼哼声,明显地不愿意。为了更好地进行谈话,我只是保持中立的态度帮助他一起做了分析和思考,我还特别注意了没把自己的思想强加于他。最终,他表示也知道数学老师是为他好,只是不能接受对他凶。我说,每个人的脾气都不同,大家都好好沟通,相互之间的关系就一定会好起来的。他表示愿意试试。

开学后,我又跟小Z谈是否可以试着主动向数学老师表达自己的想法。但是小Z觉得面对面地直接沟通很困难,我就建议他通过小纸条的方式。一开始他有些害羞,很不习惯。在我的鼓励下,经过一次次的尝试,他终于能够向数学老师表达一些自己的想法了。

随着冰雪的消融,小Z和数学老师之间的关系也开始逐渐回暖。在这次期中考试中,小Z的数学足足进步了30分。虽然还不能达到及格,但是,小Z与老师之间关系的转变以及学习积极性的提高,让我们都欣喜若狂。我决定在接下来的家长会上,对他进行进步生的表彰,而荣誉证书就由数学老师来发。

曾有人说过,如果学生天生都是完美的,那教育还有什么功能?我相信,只要老师们能通力合作,用孩子们能接受的方法来帮助他们,一定会有一个美好的未来!

(发表于《德育报》2016年6月;发表于《班主任之友》2016年10月)

团队的力量

片段一

看到教室后排坐满了来听课的外校老师,第一次上对外展示课的我紧张得手直发抖,几乎连课本都拿不住。而就在上课铃声响起的那一瞬间,坐在讲台边那个叫小奇的捣蛋鬼忽然对我说:"别怕!有我们呢!你像平常一样上课就好了。"听到他像父亲嘱咐女儿一般的话语,我先是愣了一下,转而不禁笑了起来。就这样,我原本紧张的情绪一下子被冲淡了许多。

整堂课,孩子们都格外地配合,课堂气氛很热烈。就连平时寡言少语的小静也几次举手主动发言。小组活动,对话练习,所有环节都进行得十分顺利。

课后评课时,教研员姚老师的一句话至今令我印象深刻。他说:"一堂再平常的课,只要有一群愿意跟随你的孩子,这堂课就会变得异常精彩。所以,你今天的成功在于拥有这样一群孩子!"

片段二

"老师,我可以先去问一道数学题,待会儿再来订正默写吗?"小琴像往常一样歪着脑袋问我。

"好的。"我点点头。

这个叫小琴的女孩入学时,各门功课的基础都很差。但是,她在班会课上谈论未来职业时说的一番话,却令我十分动容。她说:"我妈说,以我现在这个成绩,将来我只能去加油站给车子加油。夏天晒,冬天冻,又脏又累。但是,我好想以后能穿着漂亮的职业装,坐在办公室里干干净净地上班啊。"

课后,我把小琴的话原模原样地讲给了任课老师们听,大家都表示愿意一起帮助她。于是,任课老师们根据她的具体情况,不厌其烦地利用课后时间对她进行个别辅导,并且,在她取得进步时及时表扬。而我作为班主任,最主要的任务就是在她考试失利灰心丧气时,转达任课老师们对她的肯定,让她知道自己不是在孤军奋战。渐渐地,小琴学习越来越起劲,甚至慢慢从被动辅导变成了主动提问。这令老师们欣喜万分。

初三毕业时,小琴考上了一所五年制大专的会计专业。想到将来她可以成为一名会计,坐在办公室里工作,不会像她妈妈所担心的那样要去加油站做体力活,所有老师都特别高兴。

我曾经看过一个笑话。有人问猪八戒为什么能够取经成功,他的回答是"有一个好的团队"。我觉得我们老师也是一样的。我们拥有的团队,既包括老师,也包括学生。同学科老师,尤其是一个备课组的老师共同钻研、探讨,有利于我们教学能力的提高;搭班老师之间相互协作则能发挥更大的力量帮助学生。同样,一个班级里的孩子能团结协作,努力向上,不但有利于他们自身的成长,对老师也有帮助,甚至能增加老师的幸福感,老师即使再辛苦也心甘情愿,更有信心和力量继续走下去。

(发表于《新班主任》2016年4月)

讲道理与做事情

"方老师,你们班的小凯真是气死我了!"刚下课,我们班语文老师就气呼呼地来到我办公桌前,大声说道。

我赶紧请她坐下慢慢说。原来在课堂上提问小凯时,他先是不肯站起来,后来语文老师走到他身边喊他,他才慢吞吞地站起来,但就是一言不发,任凭语文老师再三引导,他只是梗着脖子看老师,语文老师看得火冒三丈,批评了他一通。他还是一声不吭。

了解了经过后,我安抚了语文老师,告诉她我会做相关处理的。就在这时,我们班的数学老师走了过来,说他也遇到过同样的情况,后来他就不愿意提问小凯了。

眼看数学老师的话引起了语文老师的共鸣,我急忙说:"你们先别上火,我一定找小凯好好谈一谈。"

令我没想到的是,午休时,我跟小凯谈这件事,他只是静静地看着我,无论我说什么,他都没有回应。半小时后,说得口干舌燥的我,只能无奈地放他回去了。

之后,小凯仍然拒绝回答课堂提问,渐渐地,老师们都不愿意提问他了,而他与人交流也变得越来越少。期中考试时,他的成绩更是一落千丈。于是,我决定约见他的家长。

联系过程中,我发现小凯的父母都非常能说会道,这引起了我的注意。而当小凯爸爸跟我说"我不知给他讲了多少道理,可他就是一句也听不进去"时,我忽然明白问题的症结所在了。

再后来,我了解到,小学时小凯曾因课堂上回答错了一个简单的问题而被全班笑话,父母知道后,就经常因此对他进行说教。久而久之,他非常反感,最后索性不愿意回答问题,甚至在日常生活中也不愿意与人多交流。

思想家卢梭说过,这世上,有三种对孩子不但无益反而有害的教育方法:讲道理、发脾气、刻意感动。这句珍贵的提醒已存世百年,可不管是家长还是老师很多时候却都还在用这些错误的方法。那么,如果讲道理孩子不听,除了生气或感化他以外,还能有什么方法呢?

再三思考之后,我对自己说,不妨试试用"做事情"来代替"讲道理"吧。

我先是给包括小凯在内的班上四个经常因行为问题被同学和老师投诉的孩子每人写了一封信。在信里,我指出了他们的众多优点,表扬了他们为班级所做的事情,让他们明白在我心里,他们的形象是良好的。这几个孩子在拿到信时,表现得有些好奇又有些迷惑。但看完之后,都特别兴奋。

紧接着,我开展了一次名为"我能为班级做什么?"的主题班会。在这次活动中,我让孩子们以小组竞赛的形式来讨论说出自己可以为班级做的事情,并且谈自己做了这些事情后的感受。我特地注意了一下小凯,当轮到他分享时,他兴致勃勃地讲了自己同组的某个值日生生病时,自己一个人干了两个人的活儿,而那天我们班的卫生检查是满分的,他特别有成就感。讲完了他得意洋洋地还加了一句:"方老师后来还写信表扬我了。"听到这句话,我不禁微微笑了起来。

接下来的一个周末,有一个我们学校所在社区组织的环保活动,需要每个班选四名志愿者来配合他们开展宣传活动。考虑到安全和便捷的因素,学校要求就选住在社区中心附近的同学。我一看,小凯正符合条件。想着这样的活动兴许会对他有所帮助,我便安排了他和另外三名同学一起去。活动当天,一开始,小凯只是站在旁边看,我就让他拿着宣传资料,而我则和其他同学一起对前来的居民们进行口头宣传,再让他们去小凯那里拿资料看。不一会儿,我发现,小凯在居民们的询问下,也开始跟他们有所交流,他的脸上甚至渐渐露出了笑容。于是,当他看向我这边时,我便向他笑着竖了一下大拇指。他见后,腼腆地笑了。

一个月之后,我在班级里开展了每周问答之星的活动,专门表彰上课积极发言的同学,我特意让小凯协助班长来负责选举过程。因为我知道他不是不想说话,只是怕说错。在接下来每周一次的选举和唱票的参与过程中,小凯渐渐有了自我要求和突破。当学期结束时,各任课老师甚至都有些惊讶于他在课堂提问时的积极表现了。

其实,教育真正的道理,并不是口头讲道理,而是用行为实践道理,因为只有这样,孩子才能真正明白道理。

女老师"杀手"变形记

"方老师,你们班的小景实在是太气人了!"刚下课,我们班的思品老师就满脸怒气地走进我的办公室,边说边把教材往我桌上重重放下。我赶紧起身,给她搬了个椅子,请她坐下,又倒了杯水给她,说:"别急,慢慢说。发生什么事了?"

王老师接过水杯,气愤地说道:"上课的时候我说一句,他就接一句,扰乱课堂秩序。这还不算。好不容易撑到下课,我布置作业时,他居然说:'副科还布置什么作业啊?'我没理他。他竟然还不依不饶说我声音太难听,确实要有自知之明,少说话。真是气死我了!"

"这个学生其实挺聪明的,就是老做些惹人讨厌的事情。"语文老师听了也走了过来,说:"他昨天还说我人黑、发型丑,穿再好的衣服也白瞎了。"

就这样,两个任课老师你一言我一语地说起这个学生来。正说得起劲时,数学老师忽然冒出了一句:"我倒是觉得他挺不错的。脑子灵活,解题速度快,上课总能跟着我的思路走。"这时,化学老师也过来加入了他们的评论行列:"我也挺喜欢这个学生的,一点就通。"

听着任课老师们分成两派争论起来,我不禁失笑,但同时也开始思考,这到底是怎么回事。仔细看看,抱怨的都是女老师,而喜欢这个学生的则都是男老师。

"叮叮叮!"忽然响起的上课铃声打断了老师们的争论和我的思考。我冲着他们抱歉地一笑,说:"我得去上课了。"

但令我没想到的是,小景也同样不买我的账。一上课,这孩子就不停地接话茬,故意哗众取宠,批评他,还冲着我嬉皮笑脸。但是半节课后,看着他那副捣蛋相,不知为什么,我却忽然想起了自己孩子撒娇的模样。于是,我不经意地问道:"小景,我是谁?"而他脱口而出的"妈妈"把他自己也吓了一跳。我见时机来了,先是平静地看了他一会儿,然后说道:"小景,看清楚了!我是方老师,你的班主任!不是你妈妈!"他听后,愣了一下,随后竟然一反常态,乖乖地点了点头,而之后的半节课,他上得特别认真。

小景的那声"妈妈"引起了我强烈的好奇心,而他后半节课的表现也让我看到了转机。课后,我立即跟他的妈妈取得了联系,并约好了时间进行家访。而当我到了小景家才了解到,他的父母在他三岁时就离异了,父亲只有逢年过节时才会来看他。因此,母亲对他一直有着一种补偿心理,总是怕孩子受委屈,不但自己没有再婚,而且对他的要求几乎百依百顺,最终养成了他对妈妈特别依赖却又不尊重,并且习惯性地博取妈妈全部关注的性格特点。但现在到了青春期,他又希望自己能独立,于是,下意识地通过发表不同见解,甚至故意唱反调来标榜自己长大了。当然,他完全没有意识到自己这种行为给别人造成了困扰。

　　进入初一这半年来,他经常被任课的女老师投诉,美术老师甚至戏称他是"女老师杀手"。事实上,他在学校里对待女老师的态度与他和母亲的关系有着密不可分的联系。这种现象在心理学上被称为"移情"。也就是说,小景不知不觉把自己与母亲互动的模式用到了与女老师的互动上,也正是由于他与母亲之间的问题导致了他与女老师之间的问题。

　　找到了问题所在,我就开始考虑帮助他的方法。一般心理咨询师在处理移情时,有三个直接干预的方法:(1)提醒其行为已经背离基本规范的界线。(2)直接向其指出其移情反应。(3)使用解释来促进其领悟。因为这三种方法是逐步深入的,我就打算按部就班进行,尽量避免引起他的反感和抵触。

　　这天午饭后,小景正好来办公室向数学老师问一道题,我看准了这个时机,等他问完打算离开时喊住了他,把他带到了一旁的访谈室。我先是表扬了他积极思考,利用休息时间来问问题的行为,然后问他是不是因为喜欢数学老师,才对数学特别感兴趣。他想了想,说不全是,他既喜欢老师又喜欢数学。我又问他语文呢,他说怕写作文,但觉得语文老师人挺好的,还挺喜欢她。我笑着告诉他,其实语文老师挺欣赏他的,但是,他们之间相处得似乎没有他和数学老师那么好。他听了低下了头,过了会儿,说道:"我也不知道为什么有的时候就会控制不住去惹语文老师不高兴。"我试探性地问:"你是为了引起她的注意吗?"他听后猛地抬起了头,露出有些惊讶的表情。我拍拍他的肩膀,用提醒和关心的口吻说道:"也许你该想一想是不是别的同学也像你这样做?"他想了想,说道:"方老师,我知道错了。我这样做影响了语文老师上课。"我微笑着点点头,说:"那么,是不是你在其他女老师面前也有这样的现象?"面对我一系列的问题,小景若有所思地看着我,继而点了点头。我知道他开始意识到自己行为的不妥,并且开始思考这些行为背后的问题。接着,我引导他思考了如何正确处理他与女老师间的关系,让他明白人与人之间是有界限的,一旦逾越了,就会产生问题。然后,我又谈到了他与母亲之间的关系,告诉他,他与女老师之间产生的这些问题的根源在于他既依赖自己的母亲,又想要表达独立自主的意识,所以不知不觉将这种情感投射在了女老师们的身上。随着谈话的进行,小景逐渐明白了自己为什么会有这样的行为,而我对他的理解和支持也让他有了改变的勇气。我们约好,面对女老师时,他要在心里默默地告诉自己三遍,这是老师不是妈妈,做一个关系的分界,不让"移情"继续影响他的师生关系。事实也证明,当他意识到这个问题后,与女老师们的关系也逐渐改善了。

但我很清楚,他的问题要彻底解决,就必须要让他真正成长,而这里的关键点是改变他与母亲之间的关系。于是,我跟小景的妈妈长谈了一次。我指出现在孩子到了青春期,需要学着独立自主起来,妈妈一定要支持孩子"心理断乳",以理解、尊重的心态给予孩子成长的空间。我知道这对于习惯将孩子的事情大包大揽的小景妈妈来说,是个极大的考验,甚至会让她产生"失去孩子"的痛苦感。因此,我隔三岔五地给她发孩子在校良好表现的"喜讯",有空就跟她通电话,讲述孩子进步的细节,以坚定她放手让孩子成长的决心。

随着日子一天天地流逝,小景的改变令人欣喜。他依然想要博得大家的关注,但是他用的是积极回答老师的提问,认真钻研难题,以及在老师允许的时间提出自己独到的见解这些行为来展示自己的能力。上课时,不论老师是男是女,他都能全神贯注进行学习,再没有随意接话茬、故意唱反调的现象了。而女老师们提起他也不再摇头,而是微笑着夸奖。期末考试时,他所有科目的成绩都达到了优秀,拿到了学校的"进步学生奖"。

而最令我高兴的是,当他妈妈微信收到我拍的他领奖的照片后,立即在朋友圈发了出去,并且写着:感谢老师让我明白,放手才能让孩子成长。

睦睦的糖罐

接连两天,睦睦各科作业大片空白,任课老师们都怨声载道。而当我看到他刚交的试卷上所有的选择题答案都写成了 A 时,一股怒火从我胸中升起。我拿出手机,准备拨通他妈妈的电话,好好告他一状。

这个孩子升入初一之后,因为作业拖拉和质量不高,我已经好几次找他谈了话,也与家长电话沟通和面谈了好几次。虽然他的情况一直是时好时坏,却从未像这样"撂挑子"过。

拨号时,无数个念头在我脑中闪过,到底怎样做才更能帮到他呢?在"嘟——嘟——"的连接声中,我慢慢平静了下来,决定还是先了解一下情况再说。

电话接通后,我问睦睦妈妈最近孩子在家的学习情况怎么样,他妈妈叹了一口气,说他最近很烦躁,只要一管他就发脾气,爸爸妈妈提出检查一下他作业是否完成,他都拒绝,甚至哭闹扔本子。前天他爸爸为此还揍了他。听到这些后,我那些告状的话一句也说不出口了。我转过头轻轻地呼出一口气,将心中的郁结之气尽力排出去,然后跟睦睦妈妈说,还有一个星期就要期中考试了,因为这是进了初一后的第一次全市统测,老师和学生都很在乎,也很紧张,睦睦一定也不例外。这段时间,就让我们多鼓励,给孩子多一点支持吧。

挂断电话后,我决定好好跟睦睦谈一谈。于是,午饭后,我把他喊到了办公室外的阳台上。我问他最近怎么状态这么差,他皱着眉头看着我,憋了半天,说:"方老师,初中的东西太难了,我不想学了。"我没想到他会给我这样一个答案。"太难了,所以你不想学了?"我看着他,重复着他的话,向他确认。他眨巴着眼睛,冲我点了点头。

我思考了一下,想起前不久他刚获得了学校的"十佳舞者"。我就问他:"睦睦,那么,街舞有很多难度高的动作,你也不会去学,是不是?那真是可惜了,下一届的'十佳舞者'看来就不会有你了。"

"谁说的?不试一试怎么知道学不会?"他立即不服气地回答我。

认真做小事 成就学生和自己

"那些动作太难了。还是算了吧。"我故意激他。

"我不怕难!"他憋红了脸,喊了一句。

"原来你不怕难啊!"我做出恍然大悟的表情。"那走吧。我们回去把作业订正了。不会的,我会和语文、数学老师再给你讲一遍。"

他愣愣地看着我,似乎有些反应不过来。我笑着拍拍他的肩膀,示意他一起回教室。他抓抓头发,有些不知所措,但还是跟上了我的步伐。

我看得出,睦睦感觉入了我的圈套,虽然不情不愿,但他还是嘟着嘴按照老师们的要求把所有的作业都认真订正了。放学前,我点了6个孩子到办公室来背课文,他也在内。当他最后一个背完课文时,我笑了笑,拿出一块瑞士糖给他,他有些惊讶地看着我。我说:"这是给你的奖励。睦睦,只要努力,谁知道又会得到什么意外的收获呢?是不是?加油吧!"

睦睦的表情从惊讶渐渐变成了喜悦,他高兴地向我道谢,然后蹦跳着回教室去了。看到他这幼稚可爱的行径,我不禁嘴角上扬了。

晚上我接到睦睦妈妈的感谢短信,说他今天回去高兴地说得到了老师的奖励,还特地找了个罐子把这块糖收藏了起来,不舍得吃。我回消息说:那我们就试试看多久能把那个罐子装满吧。

考虑到一直靠老师"开小灶"不是长久之计,我就跟任课老师们达成共识,上课时多关注他,简单问题多提问他,并注意表扬他时多强调"努力"的作用。同时,我找来几个能力较强的班干部,由学习委员牵头,按照座位位置,建立了几个学习小组,由成绩好并热心的同学帮助班级里三个学习最有困难的同学,睦睦也是其中之一。在我的指导下,三个小组长写好了帮扶方案,并和组员进行讨论,做了修改,大家都认为可行后,签字并开始执行。

此后的一周,睦睦似乎找到了主心骨,遇到困难不再消极应对,很多时候都主动去问学习小组里的"师父"们,而热心的"师父"们也从帮助他中获得了莫大的成就感。由于更好地融入了集体,他脸上的笑容日益增多。虽然他时常还会想偷懒,但是同学们的热情帮助和他在乎同伴眼光的心让他慢慢地改变着自己的坏习惯,波浪式地前进着。

在睦睦表现好或有进步时,我就会给他一块瑞士糖。我不知道要多久才会装满他的糖罐,但我相信在这个过程中,他一定会越来越好。

学生作业拖拉,无法按时保质保量完成是一个令班主任非常头疼的问题。而究其原因无非三点:注意力不集中、上课不认真听或基础差不会做,以及拖拉成习惯。我们只有"对症下药",才能"药到病除"。像上文中的睦睦,我用的方法就是逐个击破。对于第一条,我除了通过谈话让他认识到自己有能力做好外,还让老师们表扬时强调"努力"的作用,再用瑞士糖将这种肯定物质化,三管齐下,建立心理暗示,帮助他提高集中注意力的意识和能力。对于第二条,我除了让老师们上课时多关注外,还在班上建立了帮扶学习小组,既对他进行监督,又让他有解决难题的后备力量。对于第三条,我创造机会让他更多更好地融入集体,树立起自己的形象,而他为了维护自己的形象,维系与同伴的良好关系就开始努力改掉拖拉的坏习惯。

喜欢修改题目的孩子

自从睦睦开始收集我作为奖励给他的瑞士糖，他对学习的抵触似乎也少了那么一些。虽然他还是会在做作业时"开天窗"，但比起不做、不交，已经是一个进步了。然而，他今天交上来的作业，又让我有些哭笑不得。

这是一道英语的画线提问。题目是这样的：Today is October 6. _____ _____ today？他写的答案是"What date is it today？"多出来的那条线居然被他涂掉了。我揉了揉有些发胀的太阳穴，决定课间找他谈一谈。

当我课间找到他问他为什么要改题目时，他回答我："这个题目有问题，所以我改掉了啊。难道我写得不对吗？"

我叹了口气，说道："睦睦啊，这题画线提问不止一种问法。你写的是一种两个字的填法，其实还有三个字的填法。我昨天上课讲过的，你还记得吗？"

他对着我眨巴着眼睛，又挠了挠头，想了半天，最终还是摇摇头。于是，我给他把这个知识点又讲了一遍，他才明白过来，还有一种问法是"What's the date today？"

就在我给他讲解的时候，原本已经走过去的数学老师忽然想起什么，停下了脚步回过头，而他接下来的话不禁令我失笑。他有些生气地大声说道："睦睦！你这个孩子，题目不会做就改题目，这是哪门子解题法？"这时，听到动静的语文老师也凑了过来，对我说："这孩子真是太匪夷所思了。我每天让他们默写一段课文，都是这篇课文里不同的段落，他倒好，每天都交给我同样的内容。睦睦，你从头到尾就背了这一段，是不是？"

看到面对这轮番轰炸，眉头皱得越来越紧的睦睦，我赶紧出声制止了老师们："老师们，马上要上课了，我们先准备上课吧。睦睦作业和默写上的这些问题，我们一会儿再一起来想办法处理。睦睦，你也先回教室去吧。"睦睦有些感激地看了我一眼，轻轻说了声："老师再见！"然后就飞一般地逃回了教室。

随后，我劝解了一下老师们。睦睦这种做法虽然是偷懒，但比起不做、不交也是一种进步了,这孩子吃软不吃硬,对于他,我们的要求还是要循序渐进,急不来。老师们也都认同了我的观点,但因为期中考试的临近,对于这个在及格线边缘徘徊的孩子,大家又充满了担心。

我又进一步向老师们指出:睦睦需要更多的时间和空间来改变自己已有的学习模式,如果我们逼得太紧,恐怕只会起到反作用。因此,我们一定要控制好自己的情绪,让他完成他有能力完成的任务,让他由此获得成就感和被认同感。

同时,我也找班级"学习帮扶小组"里指定帮助他的同学谈了谈,要求他们适时适度地帮助他。对于他一下子完不成的任务,可以帮他分解成几个小任务去做。

我提醒大家:我们要避免为了减缓自己的焦虑而不假思索地采取行动,因为那样只会引起对方的反感和不合作,从而我们更焦虑。

于是,在大家细水长流式的帮助下,睦睦慢慢地适应着初中的学习生活,不再用大家不能接受的方式来处理问题了。

一言不合就倒地

本学期开学第一周只有两天,但就在这两天里,我们办公室所有的老师,不管是否任教我们班,都认识了我们班的小强。原因是开学第一天早晨,他就倒在了通往二楼教室的楼梯转角处。路过的老师发现后立即联系了校医,并将他扶到了保健室。一阵忙乱之后,他终于醒了过来,说出了自己的姓名和班级。

慎重起见,我们还是通知了他的家长。半小时后,他妈妈匆匆赶来。一阵安抚之后,他妈妈就开始叨叨:"你千万要争气啊!怎么着也要撑住,初中跟小学可不一样。一定要好好学习!"我听后连忙劝道:"小强妈妈,现在孩子不舒服,就先别说这些了。毕竟健康要比成绩重要!"谁知小强妈妈说:"老师,你不知道,这孩子身体好着呢,不会有事的。"我没再说话,只是无法理解这位母亲为何要这样对待身体不适的孩子。最终他妈妈只能带他回家休息。

接下来的一周里,小强的意外状况频频发生。今天倒在楼梯口,明天倒在厕所边,后天又倒在走廊转角处。我们老师、校医和家长被折腾得人仰马翻,我的心情也由最初的同情慢慢变成了烦躁。

虽然之后家长带他去做了全面的检查,结果显示各项指标都正常,但接下来的两周里,他的情况一点也没有改善。这一天,他再次被家长接回家后,校医跟我说的一番话,令我有了另一番判断。顾医生说:"这小强每次晕倒也蹊跷。次次没人亲眼见他倒下去,而且我每次仔细检查都没有任何伤痕,简直就像自己故意躺倒的。"

"如果确实是这个情况,我想,他不应该去普通门诊,而应该去看心理医生。"我认为他自己躺倒的可能性其实还真不小。

于是,我电话联系了他妈妈,一番关心之后,我委婉地向她提出了带孩子去看心理医生的建议,她也答应带孩子去看看。

在小强情况稍稍稳定的几天里,我找时间跟他好好聊了聊。小强告诉我,他对于初中的生活既憧憬又害怕,他想认识新同学、新老师,想要表现好,但是又怕达不到妈妈的要求,妈妈会责罚自己。所以,每天来上学都很紧张。

他还谈道,8个月前,妈妈刚生了个妹妹,家里人都围着妹妹转,他觉得自己都快成为透明人了,他很不喜欢这种感觉。听了小强这一番话,我似乎明白了他晕厥的原因。

妹妹的出生使得他在家里的地位发生了变化,而父母因为工作和照顾幼儿几乎无暇顾及他,对他是要求多于关爱。在这种情况下,小强的"病"可以很好地帮助他"夺回"他想要的关爱。于是,内心不够强大的他就这样病了。

了解了缘由之后,我首先对他目前的状况表示了理解,我告诉他:"其实,你完全可以跟父母好好谈一谈,正当地提出自己的一些要求和希望。当然,他也需要考虑实际情况,体谅父母的辛苦。"此外,我还给他安排了整理讲台的班级任务,目的是让他找到自己在班级里的位置,用集体的力量来帮助他适应目前的生活。

同时,我向这个家庭郑重地提出进行家庭心理治疗的建议,希望他们能调整整个家庭的相处模式,从根本上解开小强的心结。小强的父母一开始认为我大惊小怪,但随着时间的推移,他们从我对孩子日常的关心感受到了我的善意,终于在两个月后开始进行家庭心理辅导。神奇的是,从那以后,小强的脸上经常挂着笑容,而且只要他情绪正常,"晕倒"现象就不会出现。

但就在我以为他已经完全走出了心结时,一天上午由于他没交作业,上课又总是主动跟旁边同学说话,我当堂批评了他,而课后他就倒在了办公室外的转角处。发现后,我真是又惊又气。当他被送往保健室后,我耐心地向他解释着我批评他的原因,并强调我并不会因此不喜欢他,一番劝解之后,他终于又露出了笑容。

一个学期下来,摸准了他的性子之后,我倒也没那么担心了。看来,这"一言不合就倒地"已经成了小强与人沟通的一种极端方式。虽然这有些让人难以接受,但我想,在他完全转换回正常人的相处模式之前,我还是需要接受这样的他,并且要积极配合心理医生慢慢引导他。相信,在这三年里,有同学和老师的支持,小强一定会慢慢好起来的。

玻璃心的"冶炼"

玻璃是易碎的,而且碎片能伤人。在现代温室环境中被养育长大的孩子们,也自然而然地拥有了一颗玻璃心。它同样是易碎的,并且会扎出内心的血。齐秦有一首非常好听的歌,叫作《玻璃心》。有一句歌词,令我印象深刻:爱人的心是玻璃做的,既已破碎了就难以再愈合。而在我看来,孩子们的心亦是如此。

那么,作为班主任,面对这样一群有着玻璃心的孩子,是不是一遇到什么事情,我们真的就无计可施了呢?答案当然是否定的。别忘了,玻璃还有一个特性:回炉就可以重塑。所以,只要方法正确,孩子的那颗玻璃心一样可以重塑,甚至通过我们的冶炼变成玻璃钢。

小Z是以班级第一名的成绩分入我们班的,虽然她很安静,话也不多,但脸上总洋溢着自信的笑容。但是,到了初二下半学期期中考试之后,我发现她的笑容越来越少,上课时经常走神,数学老师也不断跟我抱怨她的成绩每况愈下。我甚至还见到一向温和的她好几次与同学因小事发生摩擦。

种种异常都在提示我,这个孩子一定是有什么问题了。于是,一天中午,我把她喊到了教室旁边的平台上。见她情绪很低落,我用平静而温和的语气说道:"小Z,你知道吗?我最喜欢你笑的样子。如果画成一幅漫画的话,你的身后一定是百花齐放。"她有点惊讶地抬起头看着我。我微笑着向她点了点头,接着又说道:"可是最近,我不怎么看得到你的笑容。这让我有点担心。"听到这句话,她的眼眶红了起来,只说了"老师"这两个字,就哽咽了。我走近一步,轻抚着她的背,建议道:"我们去操场走走好吗?"她用力地点着头。

操场上,我们慢慢地沿着跑道走着。她的情绪渐渐平复下来,她告诉我,期中前有一晚,她复习到凌晨,第二天下午的数学课上,听着听着就犯起迷糊来,数学老师发现后,就点她回答问题,结果可想而知。数学老师就随口说了一句:"你还算是个好学生吗?"当时,她就红了脸,觉得周围同学都在笑她,之后就觉得同学和老师看她的眼光都发生了改变。说到这里,她忍不住哭了起来:"我上课不认真,再也不是个好学生了。没人再看得起我了。我全完了!"

原来,就是老师这样一句无心的话,击碎了这个优等生的玻璃心。对自己评价的改变,使得她再无斗志和信心,变得失魂落魄。明白了这一切之后,我并没有着急去劝慰她,而是搂着她的肩膀,继续陪她在操场上走着,等待她情绪的再次平复。等她再次平静下来后,我跟她谈起了什么样的学生才是好学生。她说,上课不开小差,考试优秀的学生才是好学生。我点点头,转而问她,知道不知道为什么一节是45分钟?她摇摇头。我微笑着答道:"因为正常的学生注意力集中的时间都在半小时。""那还有15分钟呢?"她疑惑地问道。"要么用来做习题,要么用来开小差咯。"她听了,"扑哧"一声笑了出来。接着,我又把话题转回到她对好学生的定义上。"所以,你定义中的这个上课不开小差是不是要修整一下?"她愣了一下,想了想说:"好像是太死板了,上课大部分时间不开小差,这样比较合理。"我笑着冲她竖了竖大拇指。谈笑间,我让她明白了真正困扰她的不是事情本身,而是她自己的想法。是她对这件事情的想法引起了不同的情绪,而情绪又影响了她处理事情的能力。

我教会了她一种名叫ABC日记的调节方法。让她把最近困扰自己的内容记录下来,同时让她写出自己的情绪,行为困扰结果(C)和诱发事件(A),并对其做初步的分析,找出不合理的地方,自己进行辩驳,学会用"希望""想要"代替"必须""应该"。并且,我们约定了每个星期五放学后,我就检查她的ABC日记,给她肯定和鼓励,帮助她更好地进行调节。

就这样坚持了一个多月,笑容渐渐地回到了小Z的脸上,她又变回了那个自信的女孩,散发着向日葵一般的光彩。我还惊喜地发现,自从她学会了与自己不合理的信念作辩驳,她的抗压能力增强了,也不再那么敏感。

毕业时,她从我手中接过那张重点高中的录取通知书,随即开心地拥抱着我,说道:"谢谢您,方老师。今后,再难再苦,我都会微笑着面对的!"我也露出了笑容,因为我知道,那一颗玻璃钢的心终于慢慢炼成了。

认真做小事 成就学生和自己

她能胜任吗？

新学期伊始，同办公室的班主任们都在询问自己班的任课老师是否需要更换课代表。我也照例询问了一番，得到的回答是清一色的"保持原状"。那么我自己的课代表呢？看着学生名单，我有些犹豫。

为了分散任务，也为了提供更多的锻炼机会，我任命了3名英语课代表。小钱是一名男生，品学兼优，我让他负责练习册的收发和课前跑办公室询问课前任务。小杨是一名女生，声音响亮、口语流利，我就让她负责领读和背书记录。还有一个女生小邵，负责放学前将回家作业写上黑板以及平时默写情况的记录。

这三名同学经过了半年的磨合，现在对于自己负责的一块工作已经驾轻就熟。要说继续担任下去应该也没什么大问题。但是，小邵在写回家作业内容时的漫不经心和频繁出错实在让我有些唏嘘。

这不，才开学第三天，她又把练习册上作业的页数写错了。还好有同学发现不对劲，及时向我询问，才避免了出错。我有些不满意地对她说："小邵，课代表这个工作需要认真和细心。以后你一定要注意了。"她边笑边答应着，一副漫不经心的样子。这让我有些恼火。于是，我有些生气地说："如果你一直这样，那我要考虑换人了。"听了这话，她的表情一下子变得尴尬起来。

第二天她有些蔫蔫的，做事更丢三落四，甚至弄丢了一个同学的默写纸，我更生气了。忍不住给她妈妈打了个电话，我把小邵这两天的情况告诉了她，并提出请她晚上跟孩子谈一谈，实在不行我要撤销她的课代表职务了。她妈妈承诺晚上会跟她聊一聊，并说明天是周五，会和她爸爸一起来接她放学，顺便和我见个面详细谈一谈孩子的情况。

周五这一天，小邵见到我眼眶就有些发红，说话声音也低低的。放学前，她的父母依约前来。小邵妈妈单刀直入地告诉我，她和小邵爸爸在孩子小学一年级时就离婚了，现在小邵平时跟爸爸和继母住在一起，周末就跟她住。他们因为觉得对不起孩子就都比较宠爱她，各方面对她要求都不是很严格。小邵爸爸也知道孩子有丢三落四的习惯，还谈到孩子受不得委屈，听不得重话。我前两天说要换人了,让她很焦虑反而更做不好事情。最后,他们不约而同地向我提出再给孩子一些时间,他们会再跟孩子谈,也希望我能温和地表示一下对小邵的谅解和信任。

我叹了口气,说:"温室里的花朵不经历风雨是无法长大的。"小邵父母听后面面相觑。随后,她爸爸说:"方老师,谢谢你!今后我们一定会注意的。"我点了点头。

放学后,当着她父母的面,我向小邵重申了这个课代表职务的职责,并且表示愿意继续相信她。同时,也告诉她我今天看到了父母对她的重视与爱护,但我觉得父母的爱反而阻碍了她的成长,我希望父母和她自己都能意识到这个问题,今后要多培养她的独立处事能力,养成细致、有责任心的好习惯。她的父母也温和地跟她进行了一番谈话,小邵终于又露出了笑脸。

那天,看着他们一家三口离去的背影,我的内心有些感慨。说实话,我真的不知道小邵最后的笑脸是因为父母相聚对她鼓励,还是明白了我那一番话。但无论如何,她的情绪恢复了。而接下来的这一周,她也确实没再出什么错。我也开始相信,她终于朝对的方向迈进了,她是能够胜任这个职务的。

认真做小事 成就学生和自己

请让我继续守护你的慢递

对我们班的学生来说，我除了是他们的班主任、英语老师外，还是一个特别的"邮递员"。上学期，为了让他们通过和自己对话来增强自信心，我在班级里搞了一个"给未来的自己写信"的活动。我要求他们通过这封信肯定和鼓励自己，信封上须写明收信人姓名和日期，信件在课间交由我放进专门存放的盒子。下一周，我会按时把信送给收信人。同时，为了保护个人隐私，我严禁他们看别人的信件。

这天早读前，我照例巡视，忽然瞥见小倩正拿着一张信纸，边看边跟后面的同学说着什么，还不时偷笑着。

在我心目中，小倩是个"暗皮"的女孩子，她在老师面前话不多，但是背后常常花样百出。因此，我认定了她是在偷看别人的信。对此，我感到很生气。我直视着小倩："尊重他人隐私很重要！偷看别人信件的内容，甚至以此议论和嘲笑别人是不道德的。"说完，我继续很不友善地看着小倩，直至她快速折好那张信纸，塞进一个信封，扔进自己的桌肚里。

这节早读课，小倩如坐针毡。她读书、默写都不敢抬头。见她这样，我更确定了自己的想法。下课离开教室前，我还特意看着她，说了句："赶紧把别人的东西还回去！以后可不能这么做了。"小倩抬起头，与我对视的眼里满是委屈，眼眶也红红的，紧接着她便跑出了教室。

我觉得事情似乎有点不对劲。这时，坐在小倩后面的菁菁走过来跟我说："方老师，小倩刚才拿的那封信是她写给自己的。不信，你去看一下她的桌肚。"

我将信将疑地从她的桌肚里找出了那个信封，上面果然写着小倩的名字。这时，上课铃响了。我把信封放了回去，急匆匆地离开了教室。

虽然后来我在班级里澄清了这件事，接下来的日子也特别注意及时表扬她的良好表现，但小倩再也没给自己写过信，看见我也一直躲边走，再也没有主动跟我打过招呼。

我知道，这件"冤案"真的伤害到了她，并且直接僵化了我和她的关系。

而此后,我所做的种种"补救"似乎也没什么成效。日子一长,我甚至有些埋怨她"气量小",也因此不再对她特意关注。但是这个梗却一直埋在我心里,令我既尴尬又难受。

直到有一天,我在跑操开始后回教室抓偷懒不跑的学生,正好看到了小倩。她见是我,不由自主地低下了头。这次,我没有再武断地做判断,而是问她是不是不舒服。她有些惊讶地抬起头,愣了一会儿才说刚才着急下楼崴了脚,想休息一下。我立即蹲下身帮她查看,发现伤得不重,便提醒她这几天走路要小心些。她见我一副关切的样子,连连说自己没事。

谈话间,我感觉我们之间的寒冰终于渐渐在融化了。临了,我对她说:"小倩,上次是我冤枉了你,对不起!请让我继续守护你的慢递吧。"她听后终于露出了笑颜,点了点头。

我们生活在这个互联网时代,信息发达,物质资源充沛,但同时,由于种种原因,人与人之间开始充斥着信任危机,象牙塔内也是如此。这也正是这起"冤案"的真正起因。值得庆幸的是,我及时发现了,并且努力地做着补救。我一直相信真诚与信任并存。而最终我也正是努力让小倩感受到了我的真诚,我们之间才得以冰释前嫌。

考试作弊之后

期中考试的第二天下午，历史考试刚结束，我就得知我们班的小温在考历史时夹带作弊了。她在考试期间拿出复习提纲看，被监考老师发现，当场没收了提纲和试卷。

虽然这个消息令我很诧异，但我回想起小温平时学习总是不踏实，却又爱面子想要好成绩，就也觉得不难理解了。而且我正有打算，期中考试后撤换她的语文课代表职务。

因为小温作弊证据确凿，当天放学前我就接到了教务处和德育处的联合处理通知：小温期中考试历史成绩零分处理，考试结束后将进行全校性广播，通报批评其作弊行为。为了不影响小温最后一天的考试情绪，我决定先对这件事"装聋作哑"。

第二天最后一门开考后，我才拨通了小温妈妈的电话，告知她小温考试作弊的情况和处理意见，谁知她妈妈听后一个劲儿地问我能不能就零分处理，不要全校通报批评。我听得直皱眉头，心想，小温妈妈这一心只想维护孩子的态度对处理这件事情绝对弊大利少的。于是，我立即以电话里说不清为由请她来学校，而小温妈妈因为着急，挂掉电话就来了。

一见面，小温妈妈连客套话也顾不上讲，就问我能不能想办法把这件事的影响降到最低，不要伤了孩子的自尊，怕她会因此一蹶不振。而我郑重地告诉她，要真正让孩子有自尊不能靠一味的维护和保护。只知道人前表现好，人后却不能自律，这不是真正的自尊，只是可怜的"他尊"。只有让她有勇气承担错误，有力量面对挫折，最终有坚定的信念去做好每一件事，这才是真正的自尊，也才能产生真正的自信。温室里的花朵是长不大的，只有经历风雨才能获得成长。

听了这番话，小温妈妈沉默了，过了许久，她才抬起头，有些不好意思地说："方老师，你说得对。那么我该怎么做呢？"我笑了笑，拍拍她的手背，示意她放松些。然后告诉她，我们需要分别跟小温进行谈话，了解她作弊背后的心理是什么，然后一起做正向的引导，最要注意的是鼓励她勇敢面对自己的错误,并且要支持她用实际行动来改正。而这个过程中,一定要给她更多的关心。另外,我们也要让她明白,人犯了错是要付出代价的。不光是通报批评,这个学期的期末评优她也会因此受到影响,但老师们不会因此看不到她的进步,该表扬还是会表扬。小温妈妈在和我达成共识后离开了。同时我决定不撤销她的语文课代表职务,而是要再一次跟她强调怎样才能做好这项班级工作。

  考试全部结束后,我找来小温了解情况。她承认自己是为了得好成绩而作弊。得知因为作弊,她会受到全校性通报批评,并且期末评优也会受影响。她后悔不已,眼泪直在眼眶里打转,我拉着她的手,告诉她,我会和她一起面对这一切,老师和同学们绝不会因为她犯了一次错就看不起她、排斥她,我相信她能够用自己的行动证明她是优秀的。

  第二天,学校广播了对小温的通报批评,同学们不免开始窃窃私语,而我则坚定地表示愿意相信小温同学今后一定能吸取教训,做最好的自己。接下来一周的班会课上,进行期中考试总结时,我一视同仁地表扬并奖励了小温,她的表情虽然有些尴尬,但我看得出来她既感动又高兴。而在得知她可以继续担任语文课代表一职时,她激动地连话都说不来。接下来的半个学期里,小温一改之前的浮躁,脚踏实地进行学习,一丝不苟地做好班级工作,得到了老师和同学的一致肯定。

  转眼到了期末,同学们评选出的优秀学生名单里赫然写着小温的名字,但由于她期中考试的作弊行为,这个优秀不能给她。当我小心翼翼地跟她谈起这件事情时,她却笑着对我说:"方老师,是我做错了事,该罚的。我心里清楚的。其实,这半个学期来,老师同学都没有因此而看不起我,我特别感动。你放心!我接下来还是会好好表现的。绝不辜负大家的希望!我相信,下个学期同学们还会选我的!"

  听了这番话,我的心彻底放下了,我高兴地拥抱了她一下,说:"小温同学,恭喜你!你真的长大了!"

火 篇

教育似火

火,这个字的写法是由下而上逐渐升腾蔓延,如同夏天万物的生长蒸蒸日上。这是一个能量痛快释放的过程。就我们的教育而言,只要看准了时机,用对了方法,就必定能进入一个令人心安、良性循环的模式。

让孔雀鱼绽放它的美丽

——初二(11)班接班手记

暑假还没结束,学校打来电话,这个学期将安排我担任初二11班班主任。我有点发怵:这个11班是全校著名的差班,我能带好吗?可是既然领导信任我,我硬着头皮也只好接下来了。

开学前,我跟原班主任做了交接,她给了我一堆班级资料:班级共有37位同学,其中男生15人,女生22人。从初一期末成绩来看,班内全科优秀仅1人,尖子生少;考试科目每科都是全年级倒数第一,尤其是数学和英语,不及格的人数都要达到15人之多,"尾巴"很大。

这一堆资料,令我想起了家中饲养的一种名为孔雀鱼的热带鱼。这种鱼头和身子都很小,却有条巨大无比的尾巴。因此,我一开始就感觉压力特别大。但是长相怪异的孔雀鱼也是有着别样的美丽的,它适应性很强,如果在鱼苗期能提供宽大的水体、鲜活的饵料、适宜的水质等环境,就能成长为体色艳丽、体形优美的成鱼。我不禁又有了小小的期待,这些孩子是不是也会有着别样的惊喜带给我呢?

为了尽快亲近学生,打好接班第一仗,开学前两天,我就用原班主任提供的资料,提前联络了部分学生。第一天,我联系了离校近的同学来搞卫生。通过搞卫生,我与同学们交流,了解了部分同学的个性。第二天,召开班干部会议,了解旧班规,并和班干部一起商议新的班规。并重点了解班里特别需要关注的孩子。通过这两天的接触,我对班级有了一个大概的了解。

开学第一天,我将自制的带有学生姓名的贴纸,一张张贴到他们胸前。一方面我努力把名字和脸对应起来;另一方面借这个时间给予短短的问候,培养亲近感。

开学之初,学生思想浮躁,管理难度很大,班里布置的任务也落实得不好。比如:每天早读之前值日生总不能按时完成值日任务,几乎天天拖拉;早上早读很多学生做不到大声朗读课文,这里面甚至包括部分学习优秀的学生;等等。

认真做小事 成就学生和自己

为了形成良好的班风,让学生很快接纳和信任我,课间我有空就进班级。板报出完后,劳动委员主动拿起扫帚扫掉黑板下面的粉笔灰,我立即大大表扬了一番,让他知道他的努力我都看到了;负责擦窗台的值日生顺便帮同学们把图书角整理了,我也从不吝啬我的"赞";在他们吃午饭的时候,我常常去看他们,问他们饭菜怎么样啊,鼓励他们多吃点饭菜不要浪费。渐渐地,地面变干净了,讲台也变干净了,出操的时候排队变整齐了,每周的十项常规评比表扬中也开始有我们班了,良好的班风逐渐形成。

在此基础上,我决定来个点面结合加上因材施教,打好接班第二仗。

多年来,我有一个习惯,就是学生上课时到教室窗外看看,下课后到教室里面走走。这样做,既可以了解学生课堂情况,也可以了解学生课间情况。通过一段时间的了解,我发现有些同学上课不认真听课,坐姿不正,有的同学甚至整个人扭成麻花状搭在桌子上;有的喜欢做小动作,与周围同学说话;还有部分同学"上课一条虫,下课一条龙",课间的教室常常像开锅的沸水一样。

坏习惯不是一朝一夕养成的,如果只靠提要求肯定不能从根本上解决问题,必须要从观念上进行改变。我先是开设了一堂名为"To be ladies and gentlemen"的主题班会,向同学们展示了两组视频:第一组是英国典型的淑女绅士与一些粗俗的人的言谈举止对比;第二组是班风较好班级和本班的课间录像,让同学对两组视频进行讨论,结果显而易见:大家都希望"To be ladies and gentlemen"。

之后,我又动员全班同学,互相监督观察,一周一次开展"班内之最"活动,让全班学生投票选出"最有爱心的同学""纪律转化最快的同学""最负责的班干部""学习最刻苦的同学"和"班内纪律最需改进的同学",前四名颁发自制奖状,最后一名给鼓励信。活动目的是肯定、表扬先进学生和班干部,鞭策表现不佳的学生,进而形成良好的班风。

第一次投票结果出来后,评为"班内纪律最需改进的同学"居然是个女同学,真是大大出乎我的意料。结果一出来,她就低下了头。下课后她找到我说:"老师,我只是希望引起的大家注意,但是我不想做一个讨人厌的孩子,请您监督我、帮助我。"我给了她一个鼓励性的拥抱。接下来,她真的开始约束自己了:第二周,她果真成了"纪律转化最快的同学";接着她又向"学习最刻苦的同学"发起挑战;慢慢地,她开始上课积极发言,成绩也渐渐进步了,而她也终于明白了怎样做才能真正赢得同学的关注和友谊。

一棵树上没有两片相同的叶子,每个学生的情况和问题都是不同的,因此,在教育学生的时候也须因人而异。我们需要在日常管理中当个有心人,去观察和发掘处理每个学生问题的最佳切入点,才能进行有效的教育。

好吧,再接再厉,校内加校外,打好接班第三仗。

90后学生是具有鲜明时代特色的一代,他们越来越有个性,越来越有主见。而班主任本身还做不到"行行专业,样样精通",所以班主任除了不断充实、完善自己,拓宽管理思路外,多加强与任课教师的配合,取得任课教师的支持就显得尤为重要。

最使我印象深刻的是下面一件事情。班上的男二号小邢同学自恃成绩好,平时做事散漫,吊儿郎当。受他的影响,班上有相当一部分同学的态度也不是很端正。我们几个任课老师商量寻找机会,一起帮助小邢认识到自己的问题。临近期末,机会来了。在男生一千米测试中,小邢嘻嘻哈哈、拖拖拉拉地跑着,最终成绩未能达标。课后体育张老师向我反映了这个情况,我们觉得时机到了。我把体育老师给我的测试成绩贴在班级布告栏里,宣布下周将进行"三好学生"评选,并强调说:"德、智、体全面进步的同学才符合条件啊!"话音刚落,同学们就都围上来看,我留意了一下小邢同学,发现他面露紧张的神色。放学后,他果然来找我了。他低着头说:"老师,其实我一千米没尽全力跑。"我故作惊讶道:"那太可惜了!除非……""除非什么?"他眼睛一亮。"除非你向张老师承认错误,再争取一次机会,重塑形象。"事情的结果,可想而知,小邢通过自己的努力争取到了这次机会,更重要的是他明白了态度端正的重要性。

对于学校的学生而言,学校和家庭是最重要的环境。如果缺失任何一方,我们的教育都是不全面的,学生的心理发展也是不健全的。所以我们必须和家长联系、沟通,以便相互了解和理解,在教育孩子的理念、标高、实际操作方面达成共识,形成教育的合力。

班上张同学,作业拖拉,成绩垫底,是个让人头疼的孩子。我找他父亲了解情况。我是下午约的,但是一直等到将近6点他的父亲才姗姗来迟。一进办公室,他的父亲就叹着气对我说:"老师,这个孩子。我是没有办法了。你是刚接的这个班,我不好驳你面子,今天我来了。以后,你就看着办吧。"我微笑着请他坐下,告诉他,今天他来了,我觉得他很配合我的工作,我很感谢他。接着,我又说:"小孩子犯点错误是很正常的,我今天请你来,是了解情况,我希望我们能一起想办法解决问题。"这个父亲听后略略有些手足无措起来。经过交谈,原来这位父亲经过整个初一的几次考试,对自己的孩子已经完全丧失了信心。

我告诉他,没有一个孩子是不想学好的,我们要先接受孩子的现状,再通过监督帮助他改掉拖拉的坏习惯。第二天,我跟小张同学谈了话,我们约定,只要他每天坚持完成自己能力范围之内的作业,周五我就打电话向他的家长进行表扬。期间,他有反复时,家长不放弃多鼓励。就这样,每周一个电话,慢慢形成了交流习惯,有时也用家校通进行短信交流。两个月之后的期中考试,小张的成绩有了惊人的变化:原来是门门不及格,这次语文和物理都及格了,数学成绩也提高了16分。期中考试后的家长会,小张的父母都请假前来参加。散会后,他们还特地来到我的办公室,他的父亲真诚地对我说道:"方老师,谢谢你!今后,我一定要跟你多交流,一起帮助孩子不断进步!"

班主任工作是一个技术活,尤其是半路接班,更需要掌握一定的"技能、技巧"。我们如果能够根据学生的特点,在关心、关怀的基础上,倾听学生的心声,真诚地欣赏学生的长处,用心去做实事,努力去发掘小事中的教育契机,就一定能够带领学生完善人格,走向成功。

[发表于《福建教育》(德育)2014年第2、3期]

班级诊所的彩色处方

孩子们看着班会课前我在班级后墙上贴出的海报,议论纷纷。海报上印着一行醒目的标题:班级诊所!下分两个标题:病症和治疗方法。

上课铃声响起,我面带微笑,走上讲台。"同学们,我发现最近我们班有些不太对劲,你们感觉到了吗?"面对41双迷惑不解的眼睛,我顿了顿,继续说道:"我想让同学们说说最近班级里有哪些令人感到不舒服的地方。我们可以先和旁边的同学讨论一下,再来各抒己见。"

孩子们的表现各不相同。有立刻跟旁边同学讲起来的,有独自默默思考的,有静静听别人讲的。一刻钟之后,我提醒他们要理一下自己的思路,准备自己的发言了。班里渐渐安静了下来。

又过了五分钟,我宣布:"为了提高效率,下面我们以'开火车'的方式轮流发言,从第一组第一位同学小文开始。"我拿出一张纸,边听边做记录。

"有同学早上交作业每次都要催好几次……"小文的语气有些抱怨,说完朝坐在这组最后的小华瞪了一眼。

"我觉得挺正常的,没什么让人不舒服的地方。"小个子男孩阿泽不冷不热地说了一句就自动坐了下去。

"有些课代表和班干部布置任务一副发号施令的样子,大家是平等的,说话能客气点吗?"小奕说完习惯性地翻了翻白眼……

发言过程一直持续到了下课铃响。课间,我抓紧时间找没有发表意见的学生了解原因,都说想法和前面同学一样,觉得没必要说。我告诉他们,即使是一样的想法也需要表达,因为那是他们在班级议事时拥有的权利。

接下来的自习课上,我先针对孩子们的发言,做了总结:"同学们,上一节课,大家对于班级里令人不舒服的地方谈了自己的想法。大家都很真诚。现在,我来总结一下。这些现象是:课前准备、自习课时班级吵闹,纪律差,班干部管理时,不能得到所有同学的支持和配合,部分同学对于班干部布置任务的方式有意见……"说完,我把写着这些问题的纸贴到了班级诊所海报的"病症"一块上。"看来我们的班级确实生病了,让我们来进行'会诊',齐心协力想出办法把我们班级的'病'治好！好吗？"孩子们不约而同地答"好"。

我发给每个学生四张颜色不同的纸，上面印着"处方"。"现在，每位同学手里都拿到了处方笺。红色代表为解决这一病症特定同学需要做的事情，黄色代表为解决这一病症班干部需要做的事情，绿色代表为解决这一病症老师需要做的事情，白色代表为解决这一病症所有同学要做的事情。现在，请大家写下你认为可以'治疗'班级病症的方法。该怎么用药，就看各位的了！"

孩子们看着自己面前的四色处方笺，一开始交头接耳，然后渐渐陷入思考，最后逐个落笔写了起来。课后，我和班干部们对全班的处方笺上所写的内容进行了合并、整理。第二天的夕会时间，我让班长宣读了整理内容，并连着两天让全班学生继续讨论和提出建议。黄色的处方笺增加了一条，当发生误会时，应先向班主任反映具体情况，再进行沟通处理。白色的处方笺则进一步细化了班级每一分子的责任，甚至提到了上课时间不能随意喝水打断老师思路。

我把最终整理后的内容打印在了新的四色处方笺上，贴在了班级海报的"治疗方法"一栏里，全班的原稿则装订了起来，作为原始材料挂在海报一旁。

会诊结束，我提议学生的身份由医生变成护士，落实处方笺上的治疗方法。绿色处方笺上，学生希望老师做到的几点，我也跟任课老师做了交流，老师们表示全力支持。

接下来一个月，每周班会课评出五个"白求恩"奖和五个"南丁格尔"奖，分别对男女同学进行表扬，并且颁发自制的奖状来鼓励班级里的进步行为。我不能忘记，当我第一次颁奖给之前经常和班干部有小矛盾的小奕和小华，他们俩连说谢谢，激动得满脸通红。

让孩子们以"医生"的身份参加"会诊"，这种班级议事显然比以往的班会课更有趣味性；而四色的处方笺使得修订班规不再那么枯燥乏味、形式主义；让孩子们转换身份，当"护士"来执行新班规，每周评"白求恩"奖和"南丁格尔"奖的议事方式，则巧妙地推进了班规的执行。

（发表于《班主任之友》2015年7、8月合刊）

披着民主外衣的专制

临下班时,语文老师走到我办公桌前,稍显尴尬地递给我一张纸:"方老师,这周你们班交上来的周记有点特别,因为我批完了要发掉,就复印了比较有代表性一篇。我想,你有必要看一下。因为,类似的想法,你们班不少学生的周记里都有所表达。"

我接过那张纸,狐疑地阅读起来,很快我便为这篇周记的内容所震惊了。

纸上写的是上周我们班选班长的事情。这次在我看来较为民主的选举,在这个学生的笔下却充满了不公平,而文末的那句"这真是披着民主外衣的专制!"更是令我大吃一惊。我的心情不由地沉重了起来。

因为已经升入初二了,班级里早有了一套固定的班干部班子。从日常和老师的配合到完成学校布置的任务来看,都表现得不错。尤其是班长小宋,小学当了6年的班长,很有经验,因此,初一入学她自荐后,就一直由她担任这一职务。一年来,她也确实把班级工作搞得有声有色,学校满意,老师高兴。所以,初二学期初,按照学校的安排要民主选举班干部时,我理所当然地认为,选举不过是个形式,多数同学一定都会选小宋当班长的。在周一的班会课上,我连动员都没做就直接进行了班干部选举。可是,票选结果却让我傻眼了。全班37名同学,小宋竟然只得了11票,还有两位同学得了13票。面对这出乎意料的结果,我竭力呼出一口气,让自己平静下来,思考了一下后,宣布道:"由于三位同学的票数相近,而且出现了同样票数的现象。为了让我们班的选举更科学,我要进一步征求任课老师的意见,然后再做最终决定。"说完,在学生们的议论声中,我快步走出了教室。

回到办公室,我把选举结果讲给任课老师们听,老师们都不敢相信,小宋在老师们的心目中绝对是一个认真负责又称职的班长。于是,得到了所有任课老师的力挺之后,放学前的夕会时间,我开始做学生们的思想工作,反复讲到同学们要正确对待干部的管理及由此引起的一些小矛盾,尤其是要理解干部的工作,之后,我顺水推舟地提议道:"同学们,这一年来,小宋同学为班级所做的贡献,大家都有目共睹,任课老师们是全员推荐了小宋当班长,现在让

我们全班重新表决一下,继续让小宋当我们的班长好不好?支持小宋继续担任我们班班长的同学请举手!"教室里顿时鸦雀无声,过了好一会儿,一些女生纷纷开始举起手来,慢慢地在同学们的相互观望中,一只又一只手举了起来,我心里的那块大石头终于落了下来。班长的民主选举就这样皆大欢喜地落下了帷幕。

但是,这篇周记里的那句"这真是披着民主外衣的专制!"就像一根尖锐的刺深深地扎痛了我,并且令我感到不知所措。而在接下来的几周里,我更是明显地感觉到了同学们在刻意地疏远我,课间女生们不再围着我叽叽喳喳说班上的趣事,活动课上看到我走过去,男生们也不再起劲地秀自己的球技,甚至任课老师们都抱怨同学们课堂活动的参与积极性也下降了。

我后来的反思:在2010年6月通过的《国家中长期教育改革和发展规划纲要(2010—2020年)》中明确指出要对学生"加强公民意识教育,树立社会主义民主法治、自由平等、公平正义理念,培养社会主义合格公民"。因此,对于我们如今的班主任来说,建立起一种真正民主法治的班级管理制度非常重要。如果不能让每一个学生都参与到班级事务的决策和对班干部的评价监督工作中来,那么他们也就不能切身体会到自由平等、公开正义的班级氛围。

在这个案例中,班主任老师不顾多数学生意愿,坚持凭自己和任课老师的印象来选拔班干部的做法引起了学生的强烈不满,这不利于班级的民主建设。针对这个案例的特殊情况,建议采取以下措施进行处理:

一、进行调查、分析。我们需要了解小宋同学作为班长不受班级多数学生欢迎的原因。为什么在班主任眼里她无可挑剔,但是同学们不愿意再选她。因为只有了解事情的原委,我们才能做好小宋和班上同学之间的协调工作。

二、开诚布公地做好小宋和班级同学的思想工作。班主任不能根据表面现象一味偏袒,要让小宋知道自己的不足之处,这样才有利于小宋的思想稳定,有利于其工作方式以及为人处世态度的改进。同时,班主任老师要为自己的武断行为真诚地向班级同学道歉,再次取得他们的信任,以便于今后工作的开展。

三、重新举行一次民主选举。本着尊重全班意愿、公平、公正的原则再选一次,以树立班级的良好民主氛围。

四、通过全班讨论、征求意见,建立完善的班级议事章程,以避免类似事件的再次发生。

(收录于《教室里发生了什么》)

我们班的"朋友圈"议事

"上课表现最积极的前5名的同学可以随意在课堂上喝水,阶段性考试成绩的前3名的同学可以任选座位、值日卫生最干净的一组同学可以带零食……"当我拿到班长花了整整一周根据全班同学意见拟定的这份班规时,顿时感到哭笑不得。

然而,这份班规既然已经具体到"喝水"的问题上,要把这个班管好的目的当然是毋庸置疑的,我也绝对相信孩子们在商议制定时是抱着良好的初衷的。但是,这样一份班规有益于良好的班风建设吗?在我看来,答案是否定的。可是,面对这一群要么当众发言时不愿多讲,要么就提出匪夷所思的规定的孩子,该怎么办呢?我不禁感到头疼万分。

思考了一番之后,我决定还是让孩子们尝试自己管理,让他们体会什么是规则和如何制定规则以及该如何执行。当然,在此之前,要有一个合理的议事管理模式。那么,在当今这样一个信息发达的时代,如何更好地进行快速有效的班级议事呢?我在与副班主任以及正副班长、团支部书记等几个核心班干部商讨之后,决定尝试一下微信"朋友圈"。因为现在的初中生几乎都有手机,个别没有的也可以借用家长的。因此,微信的使用十分方便、及时。

当然,为了更有效地进行议事管理,我们还设立了三类管理员。

第一类:班规制定管理员。由同学们选出班上最令人信任的五名同学,组成班规制定管理员(最后当选的是正副班长、团支书及另外两名在班上较有威信的班干部),由他们负责收集整理同学们提出的本班班规,并经过集体讨论后,修改不合理的部分。在班会课上来不及说明和讨论的,全班就约定周末时间,利用微信的群聊功能再进行讨论,做出决定后,再由班长在"朋友圈"发布,全班进行点赞投票通过。由于同学们进行了细致的讨论,并且班干部们对于须修改的部分也有详细的说明,他们制定出的班规便更具有可行性,也更容易被同学们接受。而接下来出现班规没有规定的新情况,我一般也都先不处理,而是交给班规制定管理员来完善班规,然后再拿出具体的处理办法。

例如,关于"喝水"的问题,同学们就进行了讨论,后来达成共识,上课喝水会影响老师讲课和同学听课,于是提出的同学也同意取消这一条。而"任选座位"在讨论中,因可能会有个子高的同学选前排座位而挡住后面同学的视线,以及影响同学关系等,被修改为:提出所选座位,在不影响同学的前提下可以进行调换。而零食问题则引起了一番激烈的争论。有的同学认为教室是学习的地方,在教室里吃零食既不卫生又不文明;而有的同学则认为,在校一天所需要的能量很多,不进行补充会让自己没有足够的体力和精力学习。最终,双方同学各退一步,决定可带无异味的饼干、面包、巧克力等,杜绝辣条之类的垃圾食品。

第二类:班规执行管理员。这些同学包括各科课代表、小组长以及相关班干部,由他们负责班级的具体日常工作管理。他们执行管理的依据就是班规,他们恪守班规面前人人平等的原则,帮助同学们养成遵守规章制度的好习惯。同时,班规也明确了他们的具体职责。他们需要做好每天的管理记录,写好班级日志,定期由班长汇总后向老师报告,同时,由相关管理员每周一次拍下班上的进步同学的照片,将其进步行为发布在"朋友圈"进行表扬。

例如,各科课代表每天要统计本学科的作业情况,及时向任课老师汇报,并且每周统计结果要报由学习委员记录存档;值日组长和劳动委员需要统计每天的值日情况,并记录学校检查通报结果;纪律委员统计每天同学们有无迟到、课间及上课情况……每样班级的具体任务都落实到个人,学校有类似出黑板报的具体事务安排也都有相应的同学来负责处理,这样同学们的执行管理能力得到了很好的锻炼。

第三类:执行监督管理员。这是一个为了保证班干部能够秉公执法而设立的"监督机构",这机构的设立避免有学生无故投诉班干部执法不严或者执法不公,减少不必要的麻烦。学生们选出了他们最信任的五位民意代表成为执行监督管理员。主要职责是监督班干部的日常管理,保证班级事务的公开、公平、公正。但他们同时要接受班规执行管理员的管理。每当同学们有问题要投诉时,就可以通过用微信向执行监督管理员反应,管理员会及时了解情况,从中进行调解,必要时由老师介入进行处理,处理结果会在朋友圈进行公布。

例如,英语课代表投诉第一小组和第二小组的组长早上交作业本时,经常随意丢在其课桌上,导致课代表每天都要重新整理,很麻烦,也给自己统计交作业情况带来困扰。执行监督管理员们接到投诉后马上进行了调查,发现由于英语课代表早上到校比较晚,而这两位组长来得比较早,他们习惯收几个交几个,一早上交了两三次,导致作业本交得乱。查明原因后,执行监督管理员两边进行协调,最后,小组长接受收齐作业本后再一次性上交的建议,而英语课代表也答应每天再早5分钟到校,让自己统计作业情况时不那么匆忙。而这个皆大欢喜的处理在"朋友圈"得到了多数同学的点赞。

在我们班的"朋友圈"议事实行了一段时间后,同学们还陆续邀请了任课老师和部分家长加入。于是,为同学们的进步行为点赞的人越来越多。由于同学们借此更能及时发现问题,及时进行处理问题,问题减少了,各方面表现更好了,成绩也就自然而然上来了。连续几周,在学校的班集体综合评比中,我们班被评为"文明班级"。原来调皮的,甚至对抗班干部和老师的学生也有了极大的改观,有的还渐渐把班干部和老师当成知心朋友,由对抗走向和谐。

现在,作为班主任,更多的时候,我是在"朋友圈"为孩子们点赞,而不是吐沫横飞地给他们做思想工作。孩子们快乐了,进步了,我变得轻松了,何乐而不为呢?

认真做小事 成就学生和自己

"吃货"也有正能量

新生入学第三周周五的早上,我看着办公桌上值日班长送来的作业上交记录,微微皱了皱眉头。与前两周的良好表现相比,这一周各科作业的上交开始出现越来越多的不良记录。有少做、漏做的,有拖拉的,有抄袭的,甚至有个别同学开始耍赖不交。面对这个令所有任课老师和班主任头疼的问题,我陷入了沉思。我清楚地知道,这个不良风气如果刹不住,接下来班级的管理就会出现交作业方面无止境的麻烦。

"现在的学生可真是'吃货多'。""可不是吗?你看看我们班兴趣小组的申请意愿调查。一多半学生申请加入'快乐厨房',理由是:有点心吃。"两个同事的议论引起了我的注意。"是啊。开学摸底考试的时候,我们班还有学生问我考得好是不是可以奖励巧克力呢。"我们班的语文老师也插了一句……

听了他们的话,我打开办公桌的抽屉,拿出我们班的《兴趣小组申请意愿调查表》,看到"快乐厨房"的申请人数占到总人数的2/3时,我的嘴角不禁微微上扬了。

利用午休时间,我在班里做了一个点心喜好调查,数据显示,全班同学都喜欢蛋糕、饼干之类的点心,巧克力口味的尤其受欢迎,水果、坚果口味其次。我看了一下自己的课表,周五下午正好没有课。我立刻拨通了负责管理烹饪教室的曹老师的电话,如此这般跟他商量了一番。接着,这一整个下午,我就都耗费在了烹饪教室里。

这天放学时,我们班的教室里飘满了刚出炉的饼干的香味。每个学生都得到了一块娃娃头形状的饼干,而娃娃的头发、眼睛和鼻子是用他们最爱的巧克力画出来的。并且,女生和男生得到的娃娃头也有区别,女生的是头戴蝴蝶结的,男生的是戴礼帽的。我站在讲台上,微笑着将他们又馋又不舍得吃的表情尽收眼底。"喜欢这个礼物吗?"我笑着问他们,全班异口同声地回答:"喜欢!"我点点头,接着说道:"这是一个迟到的礼物。"孩子们满眼迷惑。"这块饼干奖励你们开学第一周每个人都认认真真地完成每门学科的作业。"

我向孩子们竖起了大拇指。

接着，我又分发了第二块饼干，这块饼干也是娃娃头，但是只有眼睛、鼻子，没有头发和装饰。有些女生一拿到就露出了遗憾的表情。我看着孩子们，说道："这是奖励第二周大部分同学认真完成了各科的作业。但是你们发现有些不同吗？"坐在讲台旁边的小雯轻轻地嘟哝着："这个没有刚才那个漂亮。"我对她点了点头，说道："小雯同学发现这块饼干没有刚才那块漂亮。"同学们纷纷点头表示同意。还有几个男孩子问为什么。我笑了笑，反问道："有没有同学知道为什么这一周的奖励不完美了呢？"孩子们你看看我，我看看你，有些则若有所思地低下了头。

我看着他们，没有再说什么，又发了第三块饼干。这块饼干只是一个娃娃头的形状，上面没有巧克力画的眼睛、鼻子。小雯拿到的时候，不由抱怨说："真是越来越马虎了呢。"我听了，冲她点了点头，说道："小雯同学发现，三块饼干，一块比一块做得马虎。她有些失望呢。"其他同学听了，也纷纷表示不满。我看着他们，露出很遗憾的表情，说："这些饼干我和管理烹饪教室的曹老师忙了一下午才做出来的呢。可是你们好像不喜欢，我好失望啊。"孩子们沉默了，整个教室静得连每个人呼吸的声音都可以听得清清楚楚。

过了好一会儿，又传来小雯的声音："方老师，谢谢你和曹老师。我很喜欢你们给的这份礼物。只是如果每一块都和第一块一样，那该多好呀！"听了她的话，我开心地笑了起来，问："同学们，你们的想法也和小雯一样吗？"其他孩子忙不迭地点头或说"是的"。我微笑着说："同学们，这三块饼干是对全班同学们这三个星期以来交作业的评价性奖励。你们看着这三块饼干，再想想自己在这个三个星期里每天所交的作业。有些同学所交的作业是不是也像这些饼干一样一次比一次马虎了呢？"看到有些同学脸红了，甚至有几个低下了头。我又接着说道："其实，我也觉得每天做作业是挺枯燥的，就像我和曹老师一个下午要烤这么多饼干一样。但是如果马马虎虎去做，结果大家都看到了，就会有遗憾。"看着孩子们认真注视我的目光，我继续说："同学们，每天都坚持认真完成各科作业确实是需要耐心和毅力的。从下周开始，我们就做一个统计，当我们有突破的时候我们就庆祝好不好？""怎么统计？""怎么庆祝？"不同的孩子问出了不同的问题。

我拿出一张海报，展示给孩子们看，上面写着：全班认真完成并按时上交作业_____天！

"这张海报我会贴在黑板报旁边，上面的数字只记录连续的天数。从下周一开始，由值日班长进行记录。同学们要注意，我们记录全班同学连续交作业的天数，如果哪一天有一位同学被任课老师批评少做、漏做或者有抄袭或不交的现象，那么上面的数字就清零。我们以每十天为一次结算奖励周期。"我解释道。

孩子们听完之后，都交头接耳和旁边的同学议论起来。

我看着他们，又笑着说道："每个星期五下午我都有空。而且，烹饪教室里还可以烤蛋糕呢。"几个小胖墩听了马上两眼放光，其中一个胆大的小心翼翼地问道："老师，那我们下次可以期待一个小小的巧克力蛋糕吗？""为什么不呢？下个十天让我们一起努力吧！"我的话音刚落，教室里就响起一片欢呼声。

就这样，在这群孩子们进入初一的第一个学期里，小小甜蜜的犒劳提供了这群"吃货"一股坚持认真做作业并按时上交的正能量。这个学期，全班的最高纪录是连续23天的良好表现。而更有意义的是，其中有两次，当他们坚持到十天，领了奖励之后的下一个周一，因为一两个孩子的懒惰而前功尽弃，海报纸上的记录被清零，全班发出无比惋惜的哀叹。这两天放学前的夕会时间，我都引导他们对这件事情从自己的角度做了进一步的思考。

同时，我也注意与家长们加强沟通，争取家长对孩子的支持和鼓励。在孩子们交作业、在校表现以及考试有进步时，和家长联合起来对他们进行表扬。甚至在月考和期中考试之后，还有部分家长利用周末共同组织了一次公园野餐和一次郊游活动。渐渐地，孩子们的集体意识萌发了，团队合作精神培养起来了，意志品质也增强了。虽然整个学期中，孩子们是磕磕绊绊地成长着，但是良好的班风终究慢慢形成了，学生与家长的亲子关系也和谐地发展着。

我后来的反思：对于初一的新生来说，适应和发展是他们要从小学生成长为中学生面临的两大任务。而刚入学时，适应问题会显得更严峻一些。

进入初一后，学习的课程变多，在校时间变长，作业量增大，教师的教学方式也与小学有明显的不同，这些会使学生感到明显的压力，尤其对于一些意志力较弱的孩子来说适应起来就会比较困难。另外，初一新生已经进入青春期，这个时期是自我心理的第二次飞跃发展，也被称为心理断乳期，会产生很多心理矛盾。特别渴望成为主角，但随着生活环境的改变，本身性格拘谨内向、胆小、情绪稳定性差的学生，就更加不能适应新的环境了。而另外一些性格改变的同学也有可能朝着极端方向发展，出现攻击性行为以及违反校纪校规等不良行为。有时我们看到一些小学特别乖特别优秀的学生到了初中出现一些不良行为时，感觉很不可思议，其实很大一部分原因就是学生入学适应性不好。

了解到学生有可能出现这些问题后，我们老师就要注意把握好时机，抓准教育的切入点,有的放矢地对学生进行引导,使学生尽快适应初中生活,健康发展。

而对于一个班级而言,这个时期也是树立良好班风的关键时期。在这个案例中,我根据孩子们喜欢吃零食这个特点,用自制的小点心建立起纽带,以三块饼干引发他们的思考,树立规则,帮助他们养成良好的交作业习惯,同时加强与家长的联系,依托家长的支持和鼓励,从养成完成作业的良好习惯开始,为孩子们创造成长的空间,有效地树立起良好的班风。

认真做小事 成就学生和自己

蔬菜头也疯狂

入冬以来，教室里阳光能照到的时间变少了，窗台上的富贵竹、绿萝和铜钱草尽管孩子们悉心照料着，还是慢慢在变黄，甚至枯萎。而2014年的下学期又特别的长，元旦过后，半学期以来的初三学习压力已经让孩子们渐渐变得没有生气，有的孩子一大早就开始趴在桌子上，任课老师也反映上课时孩子们的回应很少，只是勉强听着，课间问问题的学生也几乎没有了。看着黄叶蔫蔫的植物和精神萎靡的孩子们，我不由担心起来。离学期结束还有一个月呢，而且很多科已经在教下学期的内容了，马上又要进入复习阶段，他们这个状态可怎么坚持到最后啊？

这天中午我轮到去餐厅值班，等所有学生都领到饭菜，我维持秩序的任务也就完成了，正要离开时，看到收泔水的阿姨正在跟大师傅要厨房里切下来的胡萝卜头，还特地拿了一个袋子装着。我觉得很奇怪，就问那个阿姨要这些胡萝卜头干什么。阿姨告诉我，她过些日子要搬新家，她想把这些胡萝卜头养在装水的瓶子或罐子里，这样既能净化空气，又省钱。我一下子被这个新奇的主意吸引了。想起曾在网上看到过一篇讲水培蔬菜头的帖子，据说做菜剩下的根茎植物都可以用来水培成盆景。于是，我兴趣盎然地跟他们进了厨房。我也如愿地得到了一些胡萝卜头，并且在阿姨的指导下，我挑了一些茎比较长的，她告诉我这样的更好活。

回到办公室，我又翻箱倒柜地找出了几个塑料盒子，将这些胡萝卜头放进盒子，又灌了一些水。准备妥当之后，我还上网查阅了如何水培蔬菜头。夕会时，我把这几个盒子拿进教室，放在讲台上，问孩子们知不知道这是什么。眼尖的小宇立即就认出来了，叫到："老师，那是胡萝卜！"我冲他竖了竖大拇指，说："对！这是胡萝卜！严格来说，这是个胡萝卜头！"孩子们用迷惑的眼神盯着我看，不明白我这是要干什么。我看了看教室的窗台，说："同学们，现在天气太冷了。我们教室里的这些植物因为得不到足够的阳光，温度对它们来说也太低，状况很糟糕。"他们随着我的眼神也看向了窗台。

"这些植物是同学们为了美化教室环境而从家里带来的。而现在，我想请同学们把怕冷的植物带回家。我们换蔬菜头来种!""蔬菜头?"孩子们听了之后,面面相觑。我拿起一个盒子,把我中午遇到的事情告诉了他们,接着讲述了水培蔬菜头的注意事项以及可以水培的蔬菜种类,最后开玩笑说道:"同学们,如果我们培养成功的话,你们家年夜饭的餐桌上就可以多一样你自己种植出来的配菜噢!"听了这番话,教室里马上炸开了锅,就连平时不喜欢吃蔬菜的孩子也兴致勃勃起来。我笑了笑,示意他们安静下来,又说道:"同学们,这个学期特别长,你们又进入了初三,我知道大家都特别的累。但是,你们要明白,'天将降大任于斯人也,必先苦其心志,劳其筋骨。'你们看,我手里的这个胡萝卜头,现在光秃秃的,接下来,每天我都会坚持给它浇点水,我还会定期给它加养料。尽管现在是寒冬腊月,但是一个星期之后,你们一定会看到变化的!而学习也是一样的,只要拿出动力来,坚持每天跟任课老师好好配合,有疑问必究,就能有长足的进步。这个学期,同学们都辛苦了!就让我们再加把劲,把最后一个月坚持下来,一起过个欢乐年,好不好?""好!"全班都大声地回应着。

接下来的几天里,教室里悄悄地发生着变化。窗台上圆形的花盆渐渐换成了各种形状的塑料盒子,富贵竹、铜钱草渐渐变成了萝卜头、大蒜头。而一周之后,当这些蔬菜头开始冒着严寒发芽的时候,孩子们的精神头儿更是好了起来。两周之后,窗台上的蔬菜头居然长势疯狂,而孩子们也投入了紧张的期末复习。上课时,笔记做得飞快,文科默写的零错误人数也越来越多,数理化老师的办公室里课间总有我们班学生你追我赶问问题的身影。任课老师们都觉得,在其他班越来越疲劳时,我们班反而越来越充满干劲和活力了。就这样,在师生们愉快的忙碌中,我们迎来了期末考试。

当最后一门功课的考试结束铃声响起,我长长地舒出了一口气。布置完学期最后的任务,宣布了返校时间,我原以为累坏了的孩子们会尽快整理好书包,走出校门去放松,却发现放学后,很多孩子们并没急着离开教室,正围在窗台前,相互讨论着什么。我悄悄走近去,听到了这样一段对话。

"我妈说嫩的萝卜缨子切碎和肉泥拌了做馅,做包子很好吃。我这些不够,我们几个凑起来吧。"一个女生在建议。"好呀好呀!明天正好星期六。你问问你妈妈空不空?""对呀!可以的话,我们明天中午去你家聚餐。""下午我们还能去看电影。"

我忍不住笑着插话道:"别忘了拍一些照片留念哦!"几个女孩子听到我的声音都回过头来,其中一个调皮地问道:"老师,要给你留一个包子吗?""谢谢哦!不用了。但要记得给我看照片喔。"我微笑着说。

一个班级要想持久稳定发展,就必须营造一个健康向上的氛围。正所谓,海阔才能凭鱼跃,天高才能任鸟飞。因此,如何设法创造这样一个各尽其才、各显其能的环境,如何更好地调动每一个学生的积极性,让每一个学生学得顺心,使每个孩子的潜力都能得到最大限度的发挥,一直是我们老师思考的问题。

  2014年的下半学期长达整整22周,一般这个学期都是20周,而这多出来的半个月,就像压垮骆驼的最后一根稻草,对学生们的耐力来说是个不小的考验。据我观察,在最后这个月,不光是学生,甚至老师们都出现了不同程度的疲倦状态。在发现这个现象后,我将更换窗台上的植物作为支点,来撬动学生的沉闷情绪,点燃他们的好奇心,从而达到激发他们的活力,达到改变他们行为的目的。在蔬菜头们每天努力与严寒做斗争,一天天冒出新芽,长出新叶的同时,受到感染的孩子们也活力倍增,尽全力投入到了学习中。而孩子们的热情又感染了老师,于是我们班顺利又愉快地度过了这个月。正如我所希望的,积极向上的班风就是孩子们战胜压力和困难的助推剂。

先扶后放练自主

这个9月,我接的是初一班级,为了更多地了解学生,我一有空就往班级跑。一周下来,我发现虽然学生们渐渐有了秩序,课间、自习课也安静了许多,但学习效率不高,自主学习的能力尤其差,课堂和自习课上的自主学习时间,他们除了完成任务以外就不知道还能做什么,很多学生甚至就坐在位子上发呆。

期中考试的成绩更加说明问题,我们班的平均分不低,但是优秀率却不如其他班。我很清楚,长此以往,这些孩子会离优秀越来越远,而这与他们自主学习能力弱有着不可分割的关系。

这天,看着空荡荡的窗台,我忽然灵光一现。第二天一早,我将自己的两层竹制小书架放在了教室的窗台上,接着,依次在上面放上了《牛津英汉双解词典》《新华字典》《古汉语字典》等工具书以及一些与英语和语文课文相关的课外阅读书籍。

看到学生们都用好奇的眼光打量着小书架,我告诉他们,这些是我买来借给他们用的工具书和课外阅读书籍,他们可以随意借用,也可以利用课余时间借阅,但不能将书带回家。一石激起千层浪,学生们听说可以随意借用、借阅后,好奇心更重了。区区十几本书,教室里却有47名学生,不难想象下课后窗台边被围得水泄不通的情形。见状,我赶紧呼吁同学们将自己的类似书籍拿来共享,同时,我承诺会做好登记,防止遗失。

于是,从这天起,我们班掀起了一股借阅热潮。有一书在手,自主学习时间里,学生们不知道该做什么的现象终于消失了。但我知道这仅仅是一个开始,要切实增强学生们的自主学习能力,还得有后招。

接下来,我便在班级里组织起了探索学习小组。我按照自然分组,结合他们自身目前的学习能力分配任务,实行先扶后放的引导策略。在自主学习时间里,我和任课老师协商后,整理出一些刚讲过的重难点,配以练习,让学生自己做了以后,请能力强一些的同学根据讲义内容在组内分享自己的解题经验。一段时间后,我又尝试让能力较强的同学讲述自己在最近的学习中对某一知识点的独特见解,并帮助能力较弱的同学解答他们的一些疑问。慢慢地,我开始让他们尝试反思自己的思考过程,同时对其他同学的思路进行分析,再思考做出自己的判断。一个月下来,班级里的学习氛围越来越融洽,学生相互之间围绕学习话题的交流也多了起来。任课老师也反应上课时学生们的思维比之前活跃多了,而且,他们在讨论出现分歧时,经常会去找任课老师评判。我看到他们的这些变化,心中无比喜悦。

第二次月考中,我们班的优秀率比之前有了一定上升。而我为了稳固他们的状态,又找中考科目的任课老师们商量在班内搞一次出卷比赛,我还提出将一些质量高的试卷作为期末复习的资料推荐给整个年级用。任课老师们都表示支持这个比赛,这个主意在学生中也激起了极高的热情。为了把事情做得更好,老师们专门就自己所教的学科出卷子的注意事项给学生们细细讲了一番,历史老师怕他们吃不准重难点,还特地整理一张重难点讲义给他们。

比赛花了整整两个星期,为了公平,我发给每个学生五张 A3 纸,并要求只能利用自习时间出五门中考科目的规定范围、规定形式的题目。接下来的两周里,学生们所有的心思都集中在这些学科的知识点如何使用的探索中,就连成绩最差的学生也在绞尽脑汁出题目。两周下来,学生对于这些知识自然又都有了新认识。

而更令老师们惊讶的是,有一半以上的学生所出的试卷质量相当过硬。最终除了评选出了优秀奖,我给相关同学颁发了自制的奖状,老师们也都依照约定,将几份很有水准的卷子推荐到了年级里作为复习资料使用。

自此,学生们深刻地体验到了学习、探索的乐趣,而他们的自主学习能力也被真正激发了出来。

临近期末时,我开始尝试让学生们自己设计自主学习的方案。主要围绕以下几个问题:(1)你想利用自主学习时间解决什么问题?(2)你要做些什么来解决这些问题?(3)你怎样做才能提高自己自主学习的效率?

学生们的创造力和智慧总是能给我惊喜。他们围绕着这三个问题认真思考解决之道。有些孩子将自己的问题以表格形式列出,在填写解决方案后执行;有的孩子通过与同伴讨论、确定问题解决的方法,以他山之石攻玉;更有胜者直接制订出了一份整改计划,打算从自己的不良行为习惯开始改起,向优秀迈进。

在今后的学习中,我还将继续寻找和创造机会给他们更多的锻炼,直至他们将自主学习的能力内化到个体的学习习惯中。

正如陶行知先生所说:"与其把学生当作天津鸭儿填入一些零碎知识,不如给他们几把钥匙,使他们可以自动地去开发文化的金库和宇宙的宝藏。"我认为,我们只有通过先扶后放让学生真正地学会自主学习和探究,再通过恰当的活动让他们掌握实实在在的技能,领会自主学习的真谛。一开始的时候,学生们确实需要我们老师的支持和引领,但到了一定阶段,我们就要帮助他们摆脱依赖课本和老师的习惯,让他们试着依靠自己的能力去获得知识,享受求知的乐趣。只有将自主学习的能力真正地内化,才能使其终生受用。

七天，让班级运转自如

每年秋天，初一新生入学之际，总会听到很多老班主任的言谈之中流露着对刚毕业的初三学生的怀念之情，新班主任则觉得手忙脚乱、苦不堪言，今年也不例外。而细细听来，他们感慨最多的是班级的运转问题。对一个成熟的班集体来说，日常运转根本不用班主任费心，卫生、纪律、作业本都有相关的班干部、课代表、小组长负责，班主任只需监督即可。而面对一个全新的班集体，班主任就得事必躬亲地进行管理，其操劳程度确实令人咋舌。难道就没有让新的班集体尽快运转起来的办法吗？

《圣经》上说，上帝用七天创造了这个美丽的世界。我想，班主任为什么不能尝试用七天打造一个自行运转的班级呢？于是，我做了一番尝试。

8月29日，我拿到班级花名册后，迅速浏览了一下，看到这个班级共52名学生。接着，我便先按班级人数初步设定班级事务明细安排，做了一张班级任务表（见附表1，改编自于洁老师的"各司其职表"），准备等明天学生报到后就让他们领取任务。同时，我还准备了一张班干部任职调查表（见附表2）。

8月30日，学生报到，实到人数为47人，有5名同学经核实去了私立学校。最终我这个班人数为47人，24男，23女。这个旗鼓相当的男女比例让我欣喜，这会有益于以后的日常管理和很多活动的安排。

学生到齐后，我按照男女搭配和高矮给学生安排了座位，随后带领他们去领课本和教辅用书，并让他们拿回教室后按种类摆放在讲台后的地面上。全部拿回来之后，按照一人一种让他们发放。我就在一旁观察，看哪几个同学做事更积极、更有条理，就询问并记下他们的名字。那些有投机取巧或偷懒嫌疑的学生我也同样记下了姓名。分发完毕后，我拿出书单，一边报书名及练习本数量让他们核对，一边继续观察那几个刚才我记了姓名的学生的表现，同时记录他们整理完成的速度情况。

随后，我用投影放出班级任务表，按顺序向他们做完介绍后，将一些如扫地、拖地的值日任务立即分组做了安排，如扫地由每一组的前面两位同学负责，拖地由后面三位同学负责。而一些如擦窗户、倒垃圾等任务以及课代表、组长等职位则让其自荐,确定好人员后我就在表格相应位置写上该同学姓名。我还告诉他们试用期为一个月,一个月后要进行全班互评考核,希望他们都能为班集体建设尽自己的一份力。并且,在这一周里,我会手把手指导他们如何做好这些工作,有任何不清楚的地方随时都可以来问我。

接着,我给每个学生发了一张白纸,教他们制作席卡,并告诉他们要在自己的座位上放置一个月,以便于老师上课点名和老师同学之间相互熟悉所用。

最后,我下发了班干部任职调查表,对同学们进行了曾任职情况和任职意愿的调查。在报到工作全部结束后,我根据调查表内容,再结合报到当天我所观察到的情况,拟定了班干部、课代表和组长的人选。如发书时头脑清楚、有条理的学生,就可以考虑做课代表、班长等职务,如果之前有过相关经验,还要看其体会,发现有思想上的偏差,如认为只要考虑老师的指令,而不考虑同学的想法,就须通过谈话来进行引导。确定后,我电话联系了相关同学,要求明天提早10分钟到校,参加第一次班干部的短会。

9月1日早晨,我提前20分钟到校,按照席卡,将自制姓名贴放到每个学生的课桌上,等他们到校后让他们贴在胸前。接下来的两周时间,我都会坚持这样做,以便于让师生和学生之间以最快的速度相互认识和熟悉起来。

等临时班委都来了之后,我给他们召开短会,强调每个人的职责和工作要领,并让他们有问题就来找我。尤其关照值日班长要记录好大家的表现。

这一整天,我都注意观察临时班委的表现,并仔细记录下他们和其他学生做得好的地方,再根据值日班长在班级日志上记录的问题,到放学前的夕会时间进行全班和个人的肯定和表扬,对须改进的地方提出要求。并在放学后,再次召开临时班干短会,肯定他们做得好的地方,对有问题的地方提出整改意见。

在这一周接下来的几天中,我都保持自己对班级学生的观察,在他们出现问题时,指导临时班干的各项工作。严格把控细节,如要求值日组长监督组员的劳动方式是否正确,拖地要等其他学生都离开班级后,并手把手教他们如何把地拖得更干净。

在一周结束时,我会根据学生的表现发放表扬小奖状,并告诉学生,在家校通开通后将通过短信形式向家长表扬他们在校的良好表现,鼓励他们努力适应初中的生活。

在开学前后的这七天里,我通过充足的准备和科学的计划,挑选出有能力的学生担任班干部、课代表和小组长,并通过一周时间对他们进行岗前培训,上岗考察,再通过表扬肯定,让他们清楚该做什么及如何做好,通过他们统管班级,同时将班级事务分解开,让每个学生都在班内找到自己的位置,为班级尽自己的一份力。

就这样,在短短的七天内,班级就基本能运转自如了。

附表1:

班级任务表

序号	姓名(人数)	任务	要求
1	1人	擦讲台及值班座椅	每节课后都快速擦一下,抹布自带,讲台上相关东西整理一下
2	1人	整理粉笔盒	每节课后都去整理一下,确保粉笔盒里白色粉笔居多,彩色粉笔各一支,用剩下的粉笔头及时清理
3	1人	清洁黑板槽以及黑板下面的地面	每节课后及时清理粉笔头,掉落在地上的捡起来,如果已经踩烂的要扫干净
4	1人	整理班级劳动工具	随时整理,确保整齐摆放在指定位置
5	1人	多媒体一体机管理	每节课前问一下老师是否要用,放学回家前关掉。不允许任何同学在上面玩游戏,出现问题及时通知班主任
6	1人	饮水机管理	每天擦一下,早上开,放学时关,没水了通知搬水同学
7	4人	擦南面窗户玻璃	里外每天用废报纸擦一下,特别是窗户槽和窗台要擦
8	4人	擦北面窗户玻璃	只要擦里面的玻璃,窗户槽和窗台要擦
9	1人	课桌椅排列	每次下课后检查一下,看到不整齐的立即提醒同学排齐,尤其是书包带子不能拖在地上,以免同学绊倒
10	1人	雨伞管理	雨天同学们的伞都放在一个水桶里,放学提醒同学把伞带回家
11	1人	班级资产保管	经常巡视教室,观察有无班级资产损坏,及时通知老师报修,自己准备好一堆抹布,方便同学们大扫除时用,用完洗干净晒干收好
12	4人	教室内四面瓷砖墙擦洗	要求一周擦两次,时间自定,确保干净
13	1人	教室外墙瓷砖擦洗	抹布自带,每天擦一下

续表

序号	姓名(人数)	任务	要求
14	2人	教室前门和后门擦洗	一周一次,时间自定
15	6人	出黑板报	每次接到通知后的两天内完成,粉笔槽内不得留有粉笔,踩了的凳子要擦干净归位,资料、尺等要收拾好
16	1人	数学老师的教具管理	下课后把尺、圆规等教具放好,不能丢在讲台上,要防止被同学损坏
17	1人	课前领读	预备铃响之前先自己准备好要朗读和复习的内容,预备铃响立即走到讲台前,让同学们翻开书进行集体朗读,一直读到老师进教室,课代表在过道里巡视,协助领读员工作
18	2人	扫地	门后等死角不能遗忘,每天打扫,早读课前完成以及放学后完成
19	3人	拖地	每日拖地,拖把归位,早读课前完成以及放学后完成
20	1人	眼保健操检查	音乐响起时,即刻起身巡视班级,提醒大家认真做眼保健操
21	1人	通信联络	要求保持与班主任老师的及时联系,上传下达。经常性跑班主任办公室
22	2人	语文英语早读课领读	7:10前走上讲台开始领读,读到老师进教室为止
23	1人	班级日志记录	如实记录班级每天情况
24	1人	领操	组织同学排队做操,并认真规范领操
25	1人	自习课管理	坐在讲台前,管理班级,要讲原则,说话得体
26	1人	灯、门管理	教室没人时要关灯关门,天色阴暗时要开灯,保管班级钥匙
27	2人	班级总管	一个上午一个下午,提醒值日生打扫,在早晨值日生完成后总的巡视,看有无遗漏打扫;下午第一节课前巡视,下课休息时间巡视,负责保洁工作
28	2人	包干区清洁	每日打扫并课间保洁

续表

序号	姓名（人数）	任务	要求
29	2人	擦黑板	一个上午一个下午,确保没有字印,并注意不要粉尘飞扬,用布擦拭
30	每科4人	各科课代表	2人跑老师办公室,并做好上课准备工作;一人收作业;一人登记成绩,如果4人中有人因病因事未来上学,由登记成绩者及时替补
31	1人	电风扇管理	开关电扇
32	2人	搬运纯水	确保班级内不断水,一瓶在饮水机上,一瓶在地上,有空桶及时归还
33	2人	花草养护	确保及时浇水,如果有死亡,及时和老师沟通,进行添加
34	1人	班级宣传栏布置	根据老师所提供内容及时更换宣传栏内容
35	2人（男女各一名）	矛盾纠纷调解员	在同学有矛盾时进行调解,并及时向班主任反应
36	人数不限	志愿者	在某个项目人员不能及时到位时主动顶上

附表2：

班干部任职调查表

班级		姓名		性别		出生日期	
曾任班级职务(请标明在几年级时担任)							
本学期你想担任哪项班级职务？							
你认为自己有哪些适合担任此班级职务的能力？							
你认为要做好这项班级职务要注意些什么？或怎样才能做好这项职务？							

我们班的合约式班规

班规,在一个班级的管理中起到的是契约的作用。我认为,要让一群人遵守一份契约,首先要得到他们的认可,同时在这份契约中要做到权利与义务并存,这样他们才会愿意遵守。因此,在我们班,我尝试了合约式的班规。

在正式制定班规之前,我在班级展开了一次讨论。我设置了三个问题:(1)一个班级是有班规好还是没班规好?(2)班规由谁来制定更合理?(3)班规里应该包括些什么内容?在讨论第一个问题时,我给学生们呈现了两个对比案例,引导他们了解班规在班级管理中的作用。在第二个问题的讨论中,我在学生们讨论的基础上提出我的观点,班级既是学生的,也是老师的,因此,班规的制定应由师生共商,再逐条进行投票通过,他们表示了赞成。在第三个问题的讨论中,对于学生们提出班规中也应有老师的权利和义务相关规定,会后我跟我们班的任课老师们交流了意见,大家都很支持这个公平、公正的做法。

随后,我让学生先分组讨论相关内容,再由组长整理本组同学关于班规的想法。一周后,我利用班会课,在班级里开展了一次名为"我们班的班规"的主题班会,并请任课老师们都来参与。首先,我阐述了自己对于班规的理解,并将合约式班规和传统班规进行了比较,请学生和老师进行举手投票,最终多数人支持了合约式班规。我还提出了我们的班级合约不仅有关于同学们的方面,也要有关于老师的方面。这个观点赢得了全班的掌声。

接下来,我们进入了班规制定流程。我让每一组组长宣读了自己那一组的班规建议,再从中提炼出大家共同的部分,参照网络格式做了整理。关于学生的部分,主要有仪表、整队、两操、上课表现、课间安全、公共财物、值日卫生这些方面。随后,他们自己又进行了一些补充,学生们对于这部分还是轻车熟路的,我和任课老师都表示赞同。而关于老师的部分,主要是按时下课,作业量合理,多表扬鼓励,批评时多考虑学生感受和课后辅导这几方面。学生们兴致勃勃地提出意见之后,我和任课老师们纷纷表示了赞同,同时对于作业的用途和量做了相关解释,得到同学们的理解。

讨论结束后,由班长执笔起草了这一份班级合约,在这份特殊的合约中,甲方为学生,乙方为老师,责任平等,权利与义务共存,并且相互监督。在接下来的两周内,我们进行了试行,一开始,大家都相安无事,但两天后,几个"调皮鬼"就有些按捺不住了,屡屡犯些小错误。于是,在当天的夕会上,值日班长就提出用评分来量化大家的表现,并建议每周一次总结,把全班同学和老师的情况用得分的形式公布,还有同学提出评选每周之星。我依然用举手投票的形式听取全班的意见,结果多数同学同意。于是,我们又利用班会课讨论了评选机制和得分方式。

最终,为了更好地肯定正向行为,我们制定出了一份带有得分机制和每周评选优秀的班级合约。合约规定遵守合约要达一周方能获得相应得分,而违反者每次的扣分力度较大。这是按照同学们"好习惯要一点一滴培养,要谨防功亏一篑"的想法设置的。一个月后,正逢开家长会,我在家长会的第一个环节就介绍了这份合约,全班师生在家长的见证下庄重地在这份合约上签下了自己的姓名。

在整个学期中,我们对合约的内容不断地进行着修订,尽力使之变得更为合理,更具有鼓励性。而在这个过程中,由于始终采用的是公平、公开、公正的方式,老师和同学们对这份合约都很认可。有时,有老师或同学不小心疏忽了行为时,其他人一提醒就会注意起来,班级的风气和氛围变得越来越融洽。甚至在运动会上,我们班还因为纪律和卫生管理表现突出,获得了"文明班级"的称号。

我很清楚,班级是学生的班级,也是老师的班级,只有大家都参与到规则的制定中来,并把它当回事,规则才能起到最大的作用。

附表:

初一(5)班班级合约

甲方:初一(5)班全体学生

乙方:初一(5)班班主任、全体任课老师

甲方和乙方经班内讨论,为规范管理班级,创造一个更好的学习、生活环境,特制定此合约。

第一条 甲方的权利与义务

甲方权利:

(一)有权利随时监督其他成员及老师的行为,并提出意见和建议;

(二)有权利参加学校或班级组织的适合自己的各项活动;

(三)有权利提出有益于班级建设的合理意见和建议;

(四)有权利参加学校或班级组织的自身符合条件的评奖、评优。

甲方义务:

(一)纪律方面

1. 每天早上7点前进教室,按时做完并上交各科作业,坚持一周准时到校者得5分;

2. 严格遵守请假制度,请假者必须于当天早上7点前主动打电话联系班主任,事后补上书面请假条(要有家长签字),事假者必须由家长亲自提前请假,违反者一次扣5分;

3. 上课遵守课堂纪律,认真听课,做好笔记,积极思考,不做与上课无关的事,坚持一周者得10分,被点名批评者一次扣5分;

4. 自习课准时进教室,自修期间不随意走动或讲话,不看课外书,未经值日班长允许不得离开教室,坚持一周者得10分,违反者一次扣5分;

5. 严格遵守考场纪律,认真诚实地参加每一次考试,不作弊,不弄虚作假,遵守者一次得10分;如有违反者,除学校做出相关处理外,一次扣10分;

6. 仪容仪表具体要求:严禁学生染发、烫发、理怪发、染指甲、化妆、佩戴饰物(手链、项链、戒指、护身符等);男生不留长发,前面头发不超过眉毛,两边不超过耳朵,不理碎发;女生不理碎发,不披发;衣着整洁,穿戴整齐,严禁在学校里穿拖鞋(包括球鞋式拖鞋);女生不穿高跟鞋、绣花鞋,体育课要按要求穿运动鞋;坚持一周者得30分,违规者每一项一次扣5分。

(二)卫生方面

1. 认真完成自己的本职任务,每天必须由值日组长检查认可后,才能离开,如要调换工作岗位,须向值日组长、劳动委员及班主任汇报,得到认可者一次得5分,违反者罚做一周并一次扣5分;

2. 重视教室及走廊的保洁工作,不随意扔垃圾,保持自己座位一平方米之内的环境卫生,不在自己抽屉内扔垃圾,挂在课桌上的垃圾袋必须每天清理,遵守一周者得10分,违反者罚做一周并一次扣5分;

3. 遵守学校两周一次的大扫除制度,服从安排,得到认可者一次得5分,违反者罚做一周并一次扣5分;

4. 遵守以上细则,并得到流动红旗,整组成员视工作量和完成的质量情况加5分和10分(具体由值日组长组织成员间民主投票决定)。

(三)文明用餐方面

1. 领餐时,有秩序排队,不跑跳、不喧哗、不打闹、不争抢,遵守一周者得10分,违反者一次扣5分;

2. 用餐时,以8人小组为单位,固定座位,小声说话,不影响他人用餐,遵

守一周者得10分,违反者一次扣5分;

3. 用餐完毕,有秩序将食物残渣倒入泔水桶,餐盘、筷子、汤碗放到指定位置,遵守一周者得10分,违反者罚做一周并一次扣5分。

(四) 两操方面

1. 准时参加广播操,遵守一周者得10分,迟到者一次扣5分;

2. 出操时,按要求路线进场,遵守一周者得10分,使队伍断开者一次扣5分;

3. 整队动作要快速到位,保持良好的精神状态,遵守一周者得10分,动作懒散或有些节拍不动者一次扣5分,并留在场地上重做;

4. 认真做好眼保健操,不允许在眼保健操时间内离开教室,服从任课老师和值日班长的管理,遵守一周者得10分,违反者一次扣5分。

(五) 公物保管方面

1. 保管好自己的课桌椅,严禁在课桌上乱涂乱画,贴东西,遵守一周者得10分,违反者一次扣5分;

2. 除了电教委员之外,其他人不许随意使用电脑,遵守一周者得10分,违反者一次扣5分;

3. 严禁在教室和走廊内追逐打闹,打球,保持教室和走廊墙壁的干净,严禁踢墙壁,遵守一周者得10分,违反者一次扣5分;

4. 爱护教室内的各项设施,特别是在饮水机的使用过程中,不许在饮水机旁边倒水,遵守一周者得10分,违反者一次扣5分。

第二条 乙方的权利与义务

乙方权利:

(一) 对班级拥有管理权;

(二) 对于班级活动有组织权和解释权。

乙方义务:

(一) 按时上下课,不提前下课,不拖课,遵守一周者得10分,违反者一次扣5分;

(二) 作业量和难度要考虑到少数学习困难的同学,遵守一周者得10分,违反者一次扣5分;

(三) 在学生发生问题时,先调查再处理,不辱骂、体罚学生,遵守一周者得10分,违反者一次扣5分;

(四) 对于学习有困难的学生,利用空余时间帮其讲解难题,不能弃之不顾,遵守一周者得10分,违反者一次扣5分。

第三条 合约的生效与其他

（一）本协议一式两份（由学生代表和教师代表签字），一份张贴于教室，一份由班主任保管，效力相同；

（二）合约双方必须对本合约中各项条款的理解完全一致，方可签字。

甲方　　　　　　　　　　　乙方
代表人签字　　　　　　　　代表人签字
签约日期：　年　月　日　　签约日期：　年　月　日

大家来坐"热板凳"

开学前,一拿到班级学生的花名册,我就有点眼花。这6年来,我已经习惯了30个孩子一个班的小班教学,这学期忽然增加到53个孩子一个班,我和同事们一时间都有些难以适应。

班级里学生多了,教师的工作量也水涨船高。两个星期下来,原来身体就不好的语文老师就因劳累过度,晕倒在办公室门口。我和数学老师批作业也批得头晕眼花。班级里,还一天到晚闹哄哄,令人无比心烦。

渐渐地,教师们也开始沉不住气了。我们班教室就在办公室隔壁,我清楚地听到思品老师为了维持纪律而拍桌子,历史老师为了增大音量戴上了麦克风上课,自习课上纪律委员每隔几分钟就喊一次"安静"。而学生们的情绪也因为老师和班干部的批评训斥而变得很不好。我心里清楚,这样下去可不行。但是,初一刚入学的学生,好习惯还没养成,良好班风也没形成,任课老师想要个小帮手都还在物色阶段。我到底该怎么办呢?

这天午休时,我看到几个孩子在走廊里玩抢凳子的游戏,脑中忽然灵光一现。于是,在接下来一周的班会课上,我让全班把桌子移走,把全班分成五组,将凳子围成五个圈坐,同时在圈的中间放了一个空凳子。学生们全都好奇地看着中间那个凳子,有些孩子交头接耳地猜测着这个凳子的用途。

在学生疑惑的眼神中,我站到了其中一个凳子旁边,说道:"同学们,我们今天来玩一个游戏,名字叫作'热板凳'!"话音刚落,班上最调皮的小轩扑哧一声笑了出来,说:"老师,我只听说过'冷板凳',没听说过还有'热板凳'。"

"来!今天就让你第一个体验!"我冲他招了招手。

小轩愣了一下,在周围同学的怂恿声中走了过来。我让他坐下后,开始宣布游戏规则:这个游戏要求,坐在中间的同学脸朝着谁,谁就要以"有你在我们班真好!"这句话开头,对这位同学给予真诚的肯定。讲完后,中间同学说"谢谢你的肯定!我今后会更加努力!"再转向下一位。告一段落后,老师组织进行大家进行分享。

游戏就这样开始了。十分钟后,这一组的示范结束,我让小轩做分享时,这个从小就因调皮经常受批评的孩子激动得满脸通红,一个劲儿地说:"我今后一定好好表现,不会让大家失望的!"说完还给大家鞠了一躬。接着,我对这一组同学以及小轩都做了肯定和表扬。

其他学生看到小轩受了一圈同学的肯定鼓励,有些按捺不住了,都急切地告诉我知道游戏规则了。还没等我宣布游戏开始,各组的"热板凳"上就都已经坐上了一个学生。

这天的班会课热闹非凡,下课铃响了都没人听见。因为是最后一节课,我就稍微延长了一会儿,但是到分享时间时,每组也只有一半同学坐到了"热板凳"。我答应他们下周继续这个游戏,引起了一片欢呼。

都说好孩子是夸出来,真是一点儿也没错。在这个游戏进行的三周时间里,我们班的班风有了明显的变化。表扬和肯定变成了一股支持孩子们表现的良好的动力。在全班同学都坐过了"热板凳"之后,有同学提出,也要让任课老师们也来坐一坐。我说:"老师们都很忙。你们能想点别的办法来表达对老师的肯定和支持吗?"

孩子们的想象力真是不容小觑。游戏中有形的"热板凳"很快在他们的行动中化成了无形而有感。在班长的带领下,我们班下课前的师生告别,变成了"同学们,再见!""老师,您辛苦了!"当全班整齐地说出这句话时感动了每一个任课老师。语文课代表看到语文老师带病坚持来上课,课间就主动组织同学来帮忙批默写作业,再由组长分发下去让同学们订正。数学老师有一次放三角板时没放好,摔到地上断了一块,几个男生就自发从家里带了工具来修补。一桩桩一件件小事,无不让老师们心里热乎乎的。孩子们之间互帮互助的情况就更加举不胜举了。

(发表于《福建教育》2016年第3期)

土 篇

教育像土

　　土,这个字的写法是最稳定的三角形结构,四平八稳,就像夏末花朵谢去,果实开始静静地生长。这是一个能量平稳供应的过程。就像我们稀松平常的日常教育,看似无奇,对于孩子们的成长却有着深远的影响。

及时清理"未完成情节"

最近,师生冲突事件频发,我听到最多的一句话是:"怎么每次都是老师先动手?"

按理说,一个成年人面对着未成年人,即便有些矛盾,训斥几句也就算了,怎么能控制不住情绪,动起手来呢?其实,罪魁祸首是"未完成情节"。

所谓"未完成情节",也叫"契可尼效应",是指那些"没能完成的""未获得成功的"事件往往使人更加难以忘却。20世纪20年代,德国心理学家契可尼通过一系列的试验发现,人们很容易忘记那些做完的以及有了结果的事件,但对于由于客观原因中断未能完成,或达不到目标的事件却总是耿耿于怀。在这个过程中,为了自我保护,我们常常采用的防御方式是压抑。但人们有所不知的是,当时的情绪能量被压抑之后,并没有消失。而且这些能量如果不能得到合理的宣泄,就会利用一切机会来寻找出口。最终,当这种能量压制不住,突然爆发时,人就会失控,做出一些反常行为,甚至是在其他人看来毫无理智的行为。暴力行为就是其中最常见的一种。

在日常教学生活中,师生间因"未完成情节"导致冲突的例子比比皆是。比如:上课时,某学生不认真听讲,由于课堂时间有限,老师发现后不能对其做彻底的思想教育,常常只能提醒一下,但这样效果往往不佳,于是这就形成了一个"未完成情节"——如果下次上课时,该生还是不认真听讲,老师势必会想起上一堂的情形。试想,这样的情况如果多次发生,并且没有改善的趋势,那么随着次数的增加,这位老师的情绪也会变得越来越糟糕,越来越控制不住。

而从学生的角度来看,某些学生可能已经养成了听课走神的习惯,就算明知不好也改不了。于是,在老师提醒后,该学生心中也形成了一个"未完成情节",而老师反复的提醒,使得这个学生的情绪越来越压抑,变得越来越烦躁。试想,如果有一天老师向该生动起手来,该生是不是很有可能会因积聚了太多负能量无处发泄而冲动还手呢?更糟糕的是,如果班上其他孩子有同样的问题,会不会被这股负能量带动起来,攻击老师呢?

不难看出,"未完成情节"往往控制着师生的情绪,捆绑着师生的关系。那么怎样才能摆脱这个罪魁祸首,防止此类事件的发生呢?其实也不难。我们只要每天和当天的"未完成事件"做个了断,及时合理释放自己的情绪,能放下心理包袱,就能祛除它带来的负能量。

　　我们可以在每天下班前可以回忆一下,今天一天是否有处理得令自己不满的事情,如果有,可以及时找相关学生谈一谈,尽力让自己和学生都解开心结;或者设置一个"告别仪式",让自己做到及时放下;还可以和同事聊一聊,直面自己的问题,不断地修正自己的观念,往往可以使自己获得更多的正能量。

　　我相信,只要我们及时清理身边的"未完成情节",不让昨天或今天拖累明天,就一定能构建更和谐的师生关系。

(发表于《新班主任》2016年7、8月)

我在终点守望你的起点

中考刚刚结束,又有一批孩子即将初中毕业。看着师生们紧张而又忙碌的身影,不禁想起三年前我给当时的孩子们上的最后一节班会课。

其实,从初一开始,我每时每刻都在为这节班会课做准备。开学第一天,我拍下了他们初次踏入班级那一刻好奇的表情以及搬书时有些忙乱的身影;第一周,我录制了他们学做广播操和眼保健操时那又怕出丑又想做好的尴尬相;第一个月结束时,我组织他们评选出了第一批班委会成员,并让他们在写着投票结果的黑板前合影留念……还有每学期的家校开放日、每年圣诞节的大合唱表演,更别提运动会、艺术节了,桩桩件件我都用心记录着。

孩子们毕业返校那天,我给他们上的最后一节班会课,就是用这些照片和录像来开场的。一开始,孩子们都被彼此三年前稚嫩的模样所逗笑,渐渐地,他们都安静下来,陷入了对这些往事的回忆,看到最后不禁泪眼婆娑。

影像的播放最终停留在了全班的毕业照上。我忍住流泪的冲动,努力微笑着说道:"孩子们,恭喜你们!你们都长大了!你们要毕业了!"

讲台下静默一片,没有激动的欢呼,也没有兴奋的尖叫。过了一会儿,班长忽然站了起来,向我鞠了一躬,真诚地说道:"方老师,谢谢您三年以来对我们像妈妈一样的关心和照顾!"我忍不住走下讲台,拥抱了她。令我意外的是,这时,班上响起了一片道谢声,我走过去一个一个地拥抱了他们,千言万语哽在喉头,却一个字也说不出来。

好不容易,我才让自己的心情平复下来,走回讲台。我对他们说:"孩子们,你们的初中学习现在已经圆满结束了。接下来,你们要各自进入不同的高一级学校学习。我希望你们能够对自己有一个更深层次的认识,这样能帮助你们更好地适应新的环境。"

看着他们疑惑的眼神,我顿了顿,又说道:"不管你接下来是要读高中,还是高职或中专。下面我们来做个了解自我的测试,我相信对你们会有帮助。"

接着,我给全班分发了"MBTI性格测试题",在孩子们各自完成之后,我为他们讲解了不同的性格类型,给他们做了分析。我告诉孩子们,性格类型没有好坏,只有不同。每一种性格特征都有其价值和优点,也有缺点和需要注意的地方。我们只有更清楚地了解自己性格的优劣势,才能更好地发挥自己的特长,尽可能地在为人处事中避免自己性格中的劣势,更好地和他人相处,更好地做出重要的决策。而且,对自己越了解,将来在选择职业的时候也更能够扬长避短。

看着孩子们饶有兴趣地研究、分析着自己的性格特征,又兴致勃勃地跟同学议论着。我不禁感慨,要让孩子们身心健康地成长,我们作为老师,尤其是班主任,真的需要关注得更多、更远。

等孩子们谈论得差不多了,我带领他们进入了这节班会课的最后一个环节。我拿出一盒蓝色的丝带,给孩子们讲了蓝丝带的故事,告诉他们蓝丝带象征着爱和力量的传递。我走下讲台,拥抱每一个孩子,并为他们一一系上蓝色的丝带,祝福他们拥有更美好的未来。

我对孩子们说:"我们的人生就像是在跑道上跑步。今天,是你们初中生涯的终点,但是也是你们另一段人生的起点。我希望你们能够带着从这里获得的爱和力量继续勇往直前!"

(发表于《德育报》2016年6月30日)

诺言，究竟是什么？

没有上午最后一节课，我习惯性早早吃好午饭就到教室里查看是否有学生滞留。这天，当我从教室后门往里看时，发现最后一排的位子上有一个女孩的身影。我辨认了一下，是小奕，再仔细一看她的动作，像是在写什么。

为了不吓到她，我先是轻声喊了她，再慢慢走过去。她听见我的声音，抬起头，却并未停下手中的动作，一边嘴里嘟哝着："我要来不及了。"

"小奕，来不及什么？饭都顾不上吃？"我走到她的课桌旁，只见她正在抄一段古文。

"啊呀，这段古文我实在背不下来。语文老师说，不想背，就抄个20遍。我赶紧抄好了，就不用背啦！"

我听了她的话，觉得又气又好笑。"小奕，你觉得王老师说这话是想让你抄20遍呢，还是希望你背出来？"

听了我的话，她忽然顿住了，瞪大眼睛问我："他不会说话不算数吧？"

"我觉得这是句气话。王老师其实还是希望你把这段文字背出来的。"我如实地回答。

她紧紧地抓着笔，嘟着嘴，不说话。而我的脑中，则出现了任课老师们对这个孩子的评价：经常听话听一半，断章取义，喜欢钻牛角尖。看着她的样子，我又气又好笑地拍了拍她的肩膀。"走吧。去食堂。再晚，学生餐厅就该没有饭了，实在不行，我带你去教师餐厅吃。"

见她还是杵在那儿不动，似乎有点生气。我故作严肃地说："下午有体育课，不吃饭可顶不住啊！"她这才不情不愿地站起来跟我一起走出教室。一路上，她先是沉默，后来就不停地跟我确认，王老师那句话到底该怎么理解。我忽然意识到，其实这个孩子没有错，她只是从她希望的角度去理解了老师的话。于是，我说："我觉得王老师的本意和你的理解有出入。这样，你先吃饭。吃过饭，我们一起去找王老师确认一下，好吗？"

"嗯嗯。"她听了直点头。

到了餐厅，我陪着她排队领饭。等她吃完，我们一起回了办公室。王老师正好在批改作业。走到王老师跟前,小奕显得有点不好意思,我就替她开了场:"王老师,小奕有件事情想跟你确认一下。"

王老师抬起头,说:"好啊。什么事?"

"就是,就是,那个,上午,你说抄 20 遍。"小奕有些语无伦次。

"抄 20 遍什么?"王老师被搞得一头雾水。

"你上午说,我那篇古文抄 20 遍就不用背了。"虽然怯怯地,小奕终于把话说清楚了。

"我什么时候说过让你抄 20 遍啊?"王老师惊讶地反问她。

这下小奕不高兴了,声音也大了起来:"上午你抽背那篇古文,我背来背去背不出来,你就说,不想背就去抄个 20 遍。"

"啊哟,你这是怎么理解的啊?"王老师直摇头。"我那是气话。这篇古文都教过一星期了,早就该背出来了。现在全班就剩下你背不出来,我能不生气吗?我那是气话。你倒是听进去了。那,要是我说抄两百遍,两千遍呢?"

"两万遍我也抄!我就不想背!"小奕的倔劲一下子爆发了,居然跟王老师杠上了。

我赶紧走到他们中间,说:"别急!大家都别急!"

"说话不算数!"小奕气愤地嘟哝着。

我赶紧跟王老师打了个招呼,把小奕带到外面的平台上。

"说话不算数!我都已经抄了 10 遍了。"她一边走,一边还沉浸在委屈中喋喋不休。

"小奕,在你看来,王老师这样做,算是违背承诺吗?"我看着她问道。

"当然啦!老师还能说话不算数啊?"她气愤地答道。

"噢,原来,在你看来,老师的任何一句话,都是诺言,不能有任何其他类型的话啊。"我顺着她的话往下推论。

"那也不是。"她立即反驳。

"噢?"我饶有兴趣地看着她。

她低下头,想了想,又抬起头,看着我,问道:"方老师,你是不是觉得我是故意曲解王老师的话?"

我摇摇头,微笑着说:"我没觉得你是故意曲解。每个人对别人的话,肯定会有自己角度的理解。但这个理解,到底是不是别人的本意,就不一定了。所以,最好要确认一下。"

"嗯。"她点了点头,算是同意。

"小奕啊,其实,我很想问你,你觉得什么样的话算是诺言呢?"

她看着我,理所当然地回答道:"诺言就是答应别人的话呀。"

我点了下头,示意她继续说。

"就像上午我背不出书,王老师说,不想背就去抄个20遍,那我想,这就是过关的另一种方式了。难道这不算是诺言吗?"她反问我。

我愣了一下,有点被她问住了,但转而一想,回答:"小奕,我认为,只有双方都认可的约定才是真正的诺言,你觉得呢?"

她看着我,一时语塞。

我继续说道:"我们确实都可以从自己的角度去想问题,但是,如果不是双方都认可的,恐怕就会有矛盾了。你说是不是?"

她咬着嘴唇想了一会儿,又叹了口气,似乎想通了什么,说:"方老师你说得对。如果大家都按照自己的意思去理解别人,不懂换位思考的话,一定会吵起来的。"

我赞赏地向她竖起了大拇指,她有些不好意思地笑了。

"那,接下来,你是打算抄完那20遍,再去找王老师理论吗?"我促狭地问她。

她的脸红了红,嘟起嘴,用不满的语气说道:"你取笑我!"

看着她可爱的样子,我不禁笑了起来,她自己也笑了起来。

到放学时,我看见小奕主动去找王老师,虽然坑坑巴巴的,但还是背了那篇古文。

我后来的反思:什么样的话,才算诺言?也许,在每个人心中都有不一样的定义。而就是这不一样,常常给我们带来困扰。曾有一项"亲子调查"显示,80%以上的家长认为,自己对孩子守信;而超过95%的小孩认为,父母常常不履行承诺。我想,师生之间大概也是如此吧。追根溯源,二者分歧的祸首恐怕就是对诺言的定义不同。

在这个案例中,小奕一心想逃避背古文,因此她抓住了语文老师的一句气话,当作"诺言",更当作不背书的挡箭牌。暂且不论她是有意还是无意,这种做法对于旁观者来说是可以理解的,但对于作为当事人的语文老师,一定是无法接受的。于是,矛盾就产生了。两个人都陷入了不良情绪里。在这个问题的处理上,我采用了美国心理学家埃利斯的 ABC 理论来应对。该理论认为激发事件 A(activating event)只是引发情绪和行为后果 C(consequence)的间接原因,而引起 C 的直接原因则是个体对激发事件 A 的认知和评价而产生的信念 B(belief),即人的消极情绪和行为障碍结果(C),不是由于某一激发事件(A)直接引发的,而是由于经受这一事件的个体对它不正确的认知和评价所产生的错误信念(B)所引起。因此,只要改变当事人对事情的看法,其情绪就会随之改变。而事实也是如此,在重新思考了"诺言"的意义之后,小奕的想法有了转变,问题也就随之迎刃而解了。

对学生而言,老师要信守诺言,这是理所应当的。而同样,信守承诺对于我们教师来说也确实是不可或缺的品格。但是,日常教育中,不乏因为对"诺言"的认识不同产生的师生矛盾,如果我们可以更清晰地认识到这个问题,此类矛盾就能更好地解决。当然,在解决矛盾时,我们可以采用一些策略。具体做法,我认为有以下三方面:

(1)加强师生间的对话交流,平衡话语权分配。我们老师应允许学生有不同意见存在,只要能以积极的、宽容的、客观的态度来面对,站在平等的立场上进行交流,就能互相理解,化解矛盾。

(2)加强对青少年心理的研究。面对学生,我们老师在思考问题、表达言辞时,如果能站在学生的角度,用学生的语言来表达,用学生的思维来思考,努力使自己的心智活动与学生的心智活动的频率同步,更多地关注学生的渴望、需求,那么对于"诺言"的认识就会更加的统一,矛盾的产生就自然会减少。

(3)用发展的眼光对待学生的认知差异。学生由于来自不同背景,又性格迥异,因而其认知结构也必定会有所不同,反映在认知冲突上既会有相似性又会有差异性。我们老师在面对学生对"诺言"的不同认识上,应以发展的眼光看待,要允许学生暂时保留自我认知,并使其通过今后的实践来认识事物、事情和人,目的是促进其成长。

师生间这样的小冲突在教育过程中是一种常见现象,不可避免。我们老师只要正确处理了师生间的认知冲突就能有效化解矛盾,促进师生共同进步、共同提高。

大眼睛女孩的梦想

"我一个字都不会写！我就是不想背！"小彦抬着下巴,一脸倔强地看着我。而我,尽管内心翻腾,但仍尽力脸色保持不变地看着这个大眼睛的女孩。

初三开学第三天的早读课上,我发了默写卷子,走到这个女孩旁边,发现她不在写,继而要求她开始默写,却得到了这样的回复。

面对这样的挑衅行为,我反复告诉自己要冷静、不能生气。闹腾的背后必定有原因。于是,我对全班说道:"小彦同学今天的英语默写遇到了前所未有的困难,所以她今天没法写了。课后,我一定会跟她好好谈一谈,尽我所能来帮助她。其他同学,请继续。"随着我的话音落下,教室里又响起了笔尖落在纸上的沙沙声,但当我瞥向小彦时,却看到她的眼神显得有些黯然。

课间操时,我把小彦带到了教室外的平台上。"小彦,虽然你的英语成绩不算很好,但是你一直给我一个从不放弃的印象。今天,你真是让我跌破眼镜了！"我平静地看着她说道。

她嘴角歪了歪,叹了口气,说:"方老师,我真的觉得这么累没意思。我不想学了。"

我隐隐觉得这个孩子是遇到了什么打击她的事情,就试探性地问道:"小彦,最近家里发生了什么事情吗？"

她听了,反射性地抖了一下,回答道:"也没什么特别。就是……"

看她欲言又止,我给了她一个鼓励的眼神,微笑着看着她。只见她呼出一口气,然后无奈地说道:"我和妈妈吵架了。我们三天没说话了。"

因为这是一个单亲家庭的孩子,家里只有她和母亲两个人,我立即意识到,这次吵架有很大的问题。于是问她:"可以跟我说说,你们为了什么事情吵架的吗？"

她听后低下了头,沉默了起来。我拍了拍她的背,说道:"跟妈妈吵架,一定让你很难过。你们几天不说话,那这件事情就肯定没有解决。"

她叹了口气,说:"方老师,这件事情是没办法解决的。我们是为了将来要报考的学校吵起来的。你不知道,我说什么,我妈都是回答'不行'。大家

都觉得我这成绩反正也考不上高中,就想报个职高。她非要让我将来做会计,也不看看我是不是那块料。上了初中,我数学就一直在及格线上上下下!我其实有自己喜欢做的事情,她又不支持。你说,这还有什么意思?"

我轻轻地抚了两下她的背,试图让她平静一些。然后问道:"小彦,可以跟我说说你的梦想吗?"

听到梦想两个字,她的大眼睛里马上散发出亮闪闪的光芒,她兴奋地说:"方老师,我想做一个珠宝设计师!你知道吗?我现在已经学会了分辨三十几种不同材质的玉石,我还知道它们不同的属性以及适合做什么类型的装饰品。"

看着她眼中熠熠的神采,我不由地微笑起来,说:"听起来你已经很厉害了嘛。"

她有些不好意思地笑了笑,说:"离厉害其实还很远呢。"

"不过,小彦啊。你喜欢的这个专业据我所知,开设学校不多啊。"

听到这句话,她的眼神一下子暗了下来。"是的。只有一些大学里有。可是,我连考个高中都困难。所以,我妈才说我异想天开,痴人说梦。"说完,她叹了口气。

我想了想,提议道:"先人有曲线救国。你可以来个曲线求学啊!"

"曲线求学?"她的大眼睛里顿时又充满了神采。

"对。我的意思是,你可以先以相关专业的职高为目标,等将来再继续进修。如果你觉得可行。我就找你妈妈来谈一谈。"

她听明白了我的意思后,高兴地几乎跳起来,说:"方老师,你今天就和我妈妈谈,好不好?"

"好,我马上给你妈妈打个电话约她看看。"看着她满脸兴奋的样子,我忍不住要逗她一下,问她:"那,现在还觉得学习没有意义吗?"

她猛摇头,之后眨着她那双黑白分明的大眼睛,说道:"我一定要好好学习,天天向上!"看到她那俏皮可爱的样子,我不禁笑了起来。

之后,我依照约定找了小彦的妈妈来谈这件事情。见面后,我先对孩子的情况做了客观的分析。这个孩子的成绩中等,要考高中还是比较困难的,所以以职高为目标更为实际。但是,关于专业的选择,还是要考虑孩子的想法,因为一旦孩子失去学习的动力,那么就不可能提高学习成绩,甚至会下降。我又把孩子在早读课上的反常表现跟她妈妈说了,一番思索之下,她妈妈决定再跟孩子好好谈一谈。在之后的两周里,我帮助这娘俩不断地做着沟通。终于,小彦妈妈渐渐意识到要尊重孩子的选择,保护孩子的梦想才能让孩子更有进步的力量。后来,小彦妈妈在做了一番功课之后,利用国庆假期带小彦去了好几个有孩子感兴趣专业的学校,最终她们把目标统一在苏州六中的艺术班。

国庆假期之后,我看着小彦每天干劲十足地做着每一件事情,心中不由感慨,不管将来怎样,对一个花季的孩子来说,能为自己的梦想而奋斗,真的是一件幸福的事情!

我后来的反思:2011年,上海爱的教育研究会联合华东师范大学青少年心理健康教育研究与培训中心开展了上海市青少年梦想现状调查,样本涉及本市初中、高中、职校和大学的2588名在校生。数据显示,超过95%的青少年拥有自己的梦想。在被调查者中,他们在中学前平均拥有2.39个梦想,现在平均拥有2.5个梦想。男生在中学前和现在的梦想数量平均值分别为2.12个和2.21个,各比女生少了0.45个和0.5个。而从学校类型来看,重点中学和职业学校的学生,对自己的未来有着更多的憧憬和设想,他们拥有的梦想数量要多于一般中学学生和大学生,这或许与他们所占有的优势教育资源和较为明确的职业方向有关。

在青少年的梦想中,比例最高的是职业类梦想(55.9%),远远超过了排在第二位学业类梦想(20.4%),而其余几类的梦想比例都不超过10%,这说明当代青少年的梦想与个人的联系更为密切,梦想也更现实,离实现的可能性也更近。专家分析说,这主要是因为当代青少年生活在一个充满竞争、鼓励竞争的社会,他们为了获得更高的分数,为了得到更好的机会,为了不辜负父母的期望,不得不将全部的精力放在自我的发展上。

我的学生小彦所拥有的梦想——珠宝设计师,恐怕是大部分家长想都不会想到的一个职业。不管将来她是否真的会从事这个职业,对目前的她来说,这是极具吸引力并且能提供很大动力的事情。青少年的年龄特点就在于:对于感兴趣的事物,他们能够鼓起勇气,克服困难,而一旦丧失兴趣与信心,他们就会躺倒不干,甚至不顾后果。因此,我们老师如果能够抓住这一点,并且争取家长的支持,那么于这个孩子,便是最大的幸运。有多少人就是因为执着于年少时的梦想,最终成了大家!如果我们过早地扼杀了孩子的梦想,那么,或许最终他们拥有的就只有碌碌无为的一生了。

捡了一堆"麻烦"

每天大课间活动结束后,我们班的体育委员都会收好同学们活动时跳绳用的短绳,放到我办公桌旁的袋子里。可是今天,我看着这个袋子总觉得有些不对劲。左思右想一番后,我忍不住拎起袋子来一探究竟。而当我拎起袋子时,马上感到分量不轻,我很确定,袋子里绳子的数量一定比平时多了不少。于是,我打开袋子数了一下,的确多出了 24 根绳子。这到底是怎么回事呢?我顿生疑惑。

一节课后的课间,我找来体育委员问他为什么袋子里的绳子多出了许多。他的反应让我有些哭笑不得,他竟然恍然大悟道:"原来是多了绳子啊?怪不得比平时重了呢!"看他那个迷糊样,我无奈地摇了摇头。想了想后,我问道:"今天有同学帮你一起收绳子吗?"

"有啊。"他点了点头,说:"是小志帮我一起收的。"

"哦。那你帮我叫他过来吧,我要了解一下情况。"我想,问题的症结一定出在小志身上。

不一会儿,体育委员就带着小志来到了办公室。小志告诉我,大课间活动结束后,他帮体育委员一起收短绳。收完我们班的绳子后,发现旁边地上还有一些,他知道不是我们班的,但还是想捡来放着,万一以后有同学的绳子磨坏了可以替换。因为他知道前几天我因有同学的绳子磨损了,去体育组换,体育老师却告诉我这次换了以后再也没有新的了。我就一直想着要去买一些备着。就在这时,隔壁班的班主任顾老师的话引起了我们的注意。她很不高兴地说:"今天出怪事了,我们班怎么少了二十几根绳子?这年头,贪小便宜的人真是越发的没出息了,连几根绳子都要拿了去。"

小志和体育委员听后,面面相觑,有些不知所措。

小志的父母是在批发市场摆摊的,经常要算计得失,长期的耳濡目染之下,就养成了他爱占小便宜的性子,但偏偏他又很爱面子,最怕别人说他贪小便宜。顾老师的这番话真是让他如坐针毡。

我看着他那满脸通红又百口莫辩的尴尬样,不禁叹了口气。我打开袋子,数了24根绳子出来递给了体育委员,让他拿着绳子跟在我身后,一起朝顾老师走去。小志则愣在原地,不敢动弹。

走到顾老师的办公桌前,我笑着说:"顾老师,别急!看,绳子没丢,在我这儿呢。24根,一根不少。"

说完,我回头冲体育委员使了个眼色,他就不失时机地递上绳子,并说道:"顾老师,我们捡回来了,但不知道是哪个班的,就交给我们方老师保管了。"

"这是我们班小志同学看到落在操场上,帮你们收拾好一起拿回来的。"我指了指还杵在我办公桌前的小志,向顾老师解释道。

"哦,那要谢谢小志同学了!"顾老师笑着向小志点了点头。

"不,不用谢。"小志紧张地连说话都结巴了。

随后,我走回办公桌前,看着小志,轻声说:"我知道,你不是贪小便宜。是想为班级做点事情。我懂你的。"说完,我冲他眨了眨眼睛。

这时,体育委员也凑上来说道:"小志,下次要捡一堆'麻烦'回来,记得通知我一声啊。"

小志听了我们俩的话,终于露出了笑容。

每个孩子都来自不同的家庭,有着不同的个性,遇事的反应自然也就各不相同。但我坚信,只要有彼此的信任和理解,师生间就一定能绽放出心照不宣的默契来。

失败是一颗美丽的种子

这几天班上的气氛很压抑,孩子们做什么都不起劲。于是,接连不断有任课老师来跟我反映,进我们班教室上课跟唱独角戏似的,大家都问我:方老师,你班上这帮孩子是怎么了?

我笑了笑,回答道:"运动会上吃瘪了,所以都蔫了。"

这件事要从一个月前说起。为了参加学校运动会的传统趣味项目"众志成城",全班进行了精心的准备。这个项目的规则是让全班同学排成一排,再把相邻两个同学的腿绑在一起,然后全班集体前进,在最短时间内到达终点的班级即获胜。因为这个传统项目极为考验一个班级的团结合作精神,而我们班的孩子又自认为是最团结,最有合作精神的,于是就特别有信心。并且,这一个月以来,孩子们也确实是一有时间就加强练习,早操后的大课间活动时间练,午休时间练,体育课练,活动课练,就连放学后也都要留个20分钟去练。从一开始的杂乱无章,慢慢地能同时伸出相应的脚,再到能一起跨步,最后,大家能喊着"一二"、"一二"的口号走到终点,真是极大地考验着每个孩子的团队合作精神。每次练习的时候,有别的班的同学或老师看到,也总是夸奖说:"看这个班,多整齐!"

一时间,似乎天时、地利、人和都让我们班占尽了,孩子们更是坚信自己一定会赢。但偏偏天有不测风云。正式比赛那天,顺利走到一半时,有个娇弱的女生茜茜忽然崴了一下脚,接着,全班就倒成了一片,等大家再重新站起来时,其他班早就到达了终点。于是,我们班拿了个倒数第一。有些孩子当场就哭了,有些孩子要求再来一次,但被裁判告知只有一次机会。回来以后,孩子们就一个个都成了霜打的茄子。

看着这群在父母、祖父母的宠爱下长大的孩子,我微微地笑了。记得朱永新教授说过:"教育的本身就是要教师培养学生一种积极的态度。"而我一直觉得,培养学生积极态度,只有在"失败"这副药引子下,才能发挥"药到病除"之功效。这不,一场比赛下来,我们班的成长机会来了。

于是,接下来的日子里,我忙碌了起来。

我先是组织孩子们开展了一次名为"我们班的'众志成城'"的主题班会。让孩子对这次比赛的前前后后进行回忆和讨论。重点讨论在这次比赛中,我们做得好和做得不好的地方给我们带来的收获。孩子们在讨论过程中发现,做得好有收获,而做得不好,其实也有收获时,班级的气氛渐渐变得活跃了起来。尤其是那个崴了脚的女生茜茜,一开始满是自责,后来就开始思考以后如何避免类似情况的发生,甚至还分享了自己最近学会的几个防止崴脚的策略以及崴脚后如何正确处理避免后遗症。这一分享可不得了,连一些原来对她有所抱怨的同学听后都对她刮目相看了。看着孩子们在讨论中脸上渐渐露出的笑容,我的嘴角也不自觉地上扬了。更令我没想到的是,茜茜后来被大家推荐为班上的卫生委员,专门给同学们宣传卫生常识,俨然成了一个小医生。

在茜茜成了我们班的"医护之星"后,我又趁热打铁,在班上开展了"战胜自我"的活动,专门发掘班级里迎难而上的同学和事迹,树典型进行表扬。几个原先怕脏怕累的男同学,在这次活动中,由于主动打扫班级卫生死角,还自发从家里带了洗衣粉到学校,把墙角的瓷砖刷干净,受到了全班的认可。我就专门以班级名义印发了奖状颁发给他们,后来他们还在班级的搞卫生经验交流会上大大地秀了一把如何快速擦干净瓷砖,赢得了全班一致好评。

每到周五,我就利用"家校通"向家长表扬班级里这一周不怕失败、勇敢战胜困难的同学,并要求家长也给予表扬和鼓励。就这样,班级里不畏困难、不怕失败的风气终于在一次次的相互肯定、表扬和支持下慢慢形成了起来,实在令人欣喜。

一个多月后,我们迎来了一个大考验。我校全体初二学生在学校和市青少年德育基地的安排下参加了类似军训的社会实践。有了运动会的"前车之鉴",我让孩子们在去之前就预设了许多他们可能会遇到的困难,并且在班会课上让孩子们通过游戏形式体验了这些,包括站军姿、快速整理东西等。我还通过军训的网络视频资料和家长们的寄语让他们明白了这次社会实践的重要性,同时也给时间让孩子们讨论如何克服这些困难,完成德育基地交给他们的任务。等到了德育基地之后,我更是配合教官帮助孩子们一起进行训练。一周下来,孩子们克服了严酷训练、生活艰苦、体能极限等各种困难,甚至有孩子带病坚持完成了团体任务,赢得了教官在总结大会上的点名赞扬。还有一个宿舍拿到了优秀宿舍的奖状,要知道,这次活动中一共只颁发了两张这样的奖状。离开德育基地时,孩子们都黑了,瘦了,但也变得更加勇敢,更加有毅力了。

爱默生曾说过:"每一种挫折或不利的突变,都带着同样或较大的有利的种子。"因此,我认为,作为教师,我们一定要看到孩子们的失败正是一颗美丽的种子。只要我们用正确的引导来浇灌,用耐心的态度来培养,就一定能收获孩子们面对失败和挫折时的积极应对态度。这不正是我们教书育人的真谛吗?

当下，怎样才是爱国？

在刚过去的那个周六，2014年12月13日，"南京大屠杀死难者国家公祭仪式开始！奏唱中华人民共和国国歌！"伴随着张德江一声沉重而庄严的令下，首个国家公祭仪式在侵华日军南京大屠杀遇难同胞纪念馆正式开始，国家主席、中央军委主席习近平参加了公祭仪式，与现场万名来自南京、世界各地友好人士一起悼念77年前在南京大屠杀遇难的亡灵。

而此后的一周里，全国各个学校都开展了后续的爱国主义教育活动，我们学校也不例外。周一的班会课上，全校师生共同观看了公祭仪式的录像。我所带的班级尽管已是初三，却仍然是个充满活跃因子的集体，而我意外地发现，尽管我在观看前并没有做任何要求，但在观看的整个过程中，全班鸦雀无声，甚至当青少年代表宣读《和平宣言》时，不少同学潸然泪下。看着那一双双全神贯注的眼睛、那一个个紧握着的拳头，我被深深地感动了。平时，总是感觉这些孩子在评论一些国际事件和我国外交关系时好像缺少点什么。看了他们今天的表现，我忽然明白了，他们缺少的是民族自豪感，缺少的是爱国主义激情！这一直让我这个班主任感到很茫然。但此刻，我恍然大悟，他们并不缺少民族自豪感和爱国主义激情，只是缺少表达的机会。

第二天，在班长收观后感时，我再一次被孩子们的心意所感动。不但每个孩子都按时交了，就连最怕写作文的孩子也写了五百多个字。平时少言寡语的昊然写道："勿忘国耻，振兴中华是身为中国人的我们从小就被灌输的思想。然而直至今天，这种想法才如此强烈地烙印在我的脑海中。无法言喻的悲痛与惋惜弥漫在空气中，久久无法消散。"常常惹事的小凡写道："只有人人都珍惜和平，维护和平，只有人人都铭记战争的惨痛教训，和平才会有希望。"班长小星写道："三十多万血淋淋的生命啊，换来的更多的是警示与启迪，告诫我们'落后就要挨打'这个客观事实，因此，我们每个人都要努力使这个国家变得更加强盛。"孩子们的字字句句看得我热泪盈眶。

接下来的三天里，黑板报的内容也焕然一新，以公祭仪式为核心，孩子们将自己的感悟和《和平宣言》的精髓呈现得令人震撼。三年来的第一次男女生合作板报,竟然将教室后面的黑板变成了一副铿锵有力的画卷,书写着孩子们的拳拳爱国之情。

这一周孩子们的表现也令我刮目相看,为了将这一份激情更为长久地保存下去,周五的最后一节自习课,我决定让他们做一次全班讨论。主题就是:当下,怎样才是爱国?

孩子们自行分组,进行了讨论,甚至在过程中出现了热烈的辩论。最令我高兴的是,最终他们决定再次修改班级公约,因为全班达成了一个共识:爱国不是一时兴起,更不是一句口号,从身边小事做起,遵纪守法,维护公德,树立良好的学生形象,这就是当下的他们最好的爱国主义的表达。

我后来的反思:爱国主义教育一直是学校德育的重要组成部分,但是,这种"做"和"体验"的教育,不和学生的日常学习和生活结合起来,即便有狂风暴雨的形式,最终难免沦为"雨过地皮湿"的下场,很难"内化于心,外化于行"。

正如这一次的公祭仪式,是大家都看好的抓手。就我们班而言,我认为,学校组织的层层提升的活动对孩子们来说是受益匪浅的。因此,整个一周我都在想怎么将活动的影响延续下去。其实,爱国向来只有进行时,没有完成时;从来只有现在时,没有过去时。所不同的只是在形式和内容上,不同时代的使命有所侧重罢了。因此,要将爱国主义教育落到实处并不容易。

由于学校教育的特点,我们所进行的爱国主义教育往往强调国家和民族的多,立足以学生本位的少;强调宏观的多,突出微观的少,甚至于过于忽视个人利益。但是,社会的大环境的变化,尤其是社会上一些负面的言论和社会公德沦丧的事件的发生,都对学生们有着很多其他的影响。因此,我认为,在我们目前的爱国主义教育中更需要突出以人为本,强调每个孩子可以做什么。这样才能"外化于行",起到长效的作用。

马克思说过"一个行动胜过一打纲领",再好的教育也得有行动才能实现其有效性。而让孩子们自行讨论,甚至辩论,我们教师加以引导,去触动他们的心灵,再将精神化为日常可行的行动,我想,这种精神一定能得到长存。如果老师在课堂上讲了千言万语的爱国主义教育,而学生放学了,却为了赶时间就轻易地违反交通规则去闯红灯。那么,我认为这样的教育是失败的。仅停留在口头上的爱国主义教育永远算不上真正的爱国。对于孩子们而言,爱国主义教育需要的不是口号,而是落到实处,从力所能及的事情做起,从最基本的底线做起。这样,才能将爱国的进行时从现在开始真正地进行下去。

认真做小事 成就学生和自己

预祝你生日快乐

初春的朝阳下,孩子们在操场上伸展着四肢,跟着大喇叭里的音乐整齐划一地做着广播操。我一边跟着音乐松松筋骨,一边在队伍旁边走动,观察他们的表现。走到小音身边时,我忽然觉得不太对劲。再仔细看看,这孩子脸上的肤色异于平常,还有些微微的光彩,嘴唇又红又亮。很显然,这是涂脂抹粉了。

我的眉头皱了皱,但并未做任何处理。

爱美之心人皆有之。小音额头上正冒着青春痘,她涂脂抹粉,我想大概是因为她想遮住脸上这些痕迹,使自己变得更漂亮吧。但毕竟这是学校不允许的。于是我打算利用午休时间,从她目前的情况不适宜化妆,再加上校规校纪跟她好好谈一谈。

但往往计划赶不上变化。体育课打了铃五分钟后,班长就急急忙忙来找我,报告说,整队时,小音和小欣两位女同学不见了。因为已经上课不能再等,体育委员就带队伍先去操场了,她找了一圈也没找到这两个女同学,只能来向我报告。

我让她别急,先去上体育课,顺便跟体育老师说明一下情况,人我来找。

班长走后,我先去了教室,不出所料,她们并不在。我又去了教室旁边的厕所,也没找到她们。正在我想下楼去操场看看她们有没有直接去了操场时,听到楼梯间有说话的声音。于是,我悄悄地走了过去。接着,我便听到了小音的声音。

"我来帮你。这样涂才会均匀,也更好看。"

"这是我送给你的生日礼物。你喜欢我就开心了。你还特地带来给我用干嘛呀?"这是小欣的声音。

"好东西当然要跟好朋友分享啦!"说到这里,两个女孩的笑声传了过来。

就这样,对事情我已经有了大致的了解。这时,两个女孩说要照镜子的声音慢慢变近。我觉得,此刻并不是我出现的好时机,于是,急忙转身走向厕所。等我洗完手出来,正好遇到准备进卫生间照镜子的两人。

"老,老师好!"两个人显然吓了一跳。

"我姓方,不姓老。你们忘记啦?"我一边用餐巾纸擦手,一边漫不经心地说道。

两个女孩愣了一下:"扑哧"一声笑了出来。

"这节应该是体育课吧?你们两个不管因为什么事情耽误了,赶紧去上吧。"我依然用淡淡的口气说道。

"噢。"两个女孩应了一声,就赶紧下楼去了。

她们走后,我却犯了愁,怎么处理这件事才会更好呢?

午饭后,回到办公室,看到一个同事正在给大家发什么东西。我也没什么心情去凑热闹,就直接回到了自己的座位上。

刚坐下,却听到这位同事在喊我,还递给我一个小东西。我疑惑地看着她。她笑着说,他们一家人利用寒假去了趟澳大利亚,这是给办公室同事带回来的一点小礼物。我接了过来,并向她道谢。

一看,是一支润唇膏,我脑中忽然灵光一现。

我打开班主任工作手册,查到了小音的生日:2003年3月10日,正是上周四。我打开电脑上的日历,翻到2003年,那一年的3月10日,农历是二月初八。我又看了一下今年的日历,今年的二月初八是3月16日,正好是明天。

接着,我在网上查了一些关于青春痘的治疗和平时护肤的注意事项,用Word分栏编辑好,到文印室用粉色的纸打印出来,裁剪好,做成一个漂亮的小本子。封面上写着,祝小音生日快乐,青春靓丽!我打算把这个小本子连同那支润唇膏一起送给小音。

临放学时,我把小音喊到了办公室。我说:"小音,明天是你农历的生日。老师先提前祝你生日快乐!"

当我递过礼物时,她惊讶地看着我,嘴都合不拢。

我又用随意的语气问:"小音,如果可以选择,你是要假的美丽,还是真的美丽呢?"

她不假思索地回答:"当然要真的!"

"嗯。"我点点头。"那你觉得靠化妆化出来的,和天然去雕饰的,哪种是真美呢?"

她听了,若有所思地看着我。接着,小声说:"可是,通过化妆,能遮盖自己的一些缺点,让自己变得更漂亮,不是也很好吗?"

"小音,你知道吗?现在有一些女孩子不化妆就不敢出门,自己明明不是明星,偶像包袱却重得让自己晚上都睡不好了。我觉得这就太可怜了。而且,化妆品对皮肤总归有伤害,其实她们可以有更好的选择的。"我微笑着看着她。

她沉默着。

"小音,我送给你的这支润唇膏是来自澳大利亚的哦,说不定有神奇的功效呢!"我还是笑着说。

"谢谢老师!"小音明显没有刚才那么兴奋了。

"小音,其实偶尔化化妆也是不错的,尤其是要去重要场合的时候。但平时呢……"我对她眨眨眼睛。

聪明的她害羞地笑了。

"再次祝你生日快乐!明天见啦!"我拥抱了她一下。

"谢谢方老师!明天见!"

看着小音走出办公室的身影,我又陷入了思考。不知道她会不会接受我如此隐晦的建议。

第二天一早,正好是我的早读,趁孩子们大声朗读时,我不经意地走到小音身边。低头一看,是一张干干净净的脸。我的嘴角不自觉地上扬了。

我不禁感慨,不论对方是成人还是孩子,都只有多站在对方的角度思考,以对方能接受的方式提议,才能有更好的收效。

真相其实没那么重要？

我一拿到期末成绩就立即在名单中查找小静和斯斯,看到她们分别得了108分和120分后,我心里一直悬着的那块石头终于落了地。

这两个孩子在期末复习开始后不久的一次测试中交出了两张雷同卷。因为她们座位相邻,而且两个人的学习水平有不小的差距,实在无法让我相信这只是个巧合。因此,当时的我既气愤又失望,尤其是对于平时课堂表现一直很积极、成绩又不错的斯斯。

午休时,我先找来斯斯,我把试卷放在桌上,让她自己看。她瞥了一眼试卷,看向我时眼神有些躲闪,随后,怯怯地开口:"老师,我没抄别人的答案。"

我用平静的语气说道:"斯斯,你和小静的英语水平并不同,但是你们今天交上来的试卷选择题部分的答案是一模一样的。对此,你有什么要说的吗?"

她低着头,咬着下唇,皱起眉头,似乎话到嘴边却又难以启齿。

我看着她这副为难的模样,不禁轻叹了一声。

她听到我的叹息声,抬起头,似乎是下定了决心,轻声说道:"老师,别人我不知道,反正我肯定没抄。"

我看着她的眼睛,静静地体会着她这句话。过了一会儿,我说道:"我知道了,你回教室去吧。"接着,我找来了小静,不出所料,她也坚持说自己没有抄袭。

我忽然觉得有些无奈。想到搭班的语文老师曾跟我抱怨,现在的学生,如果不是当场抓住他们的错处,他们都是死不承认的。当然,我也可以找两份空白试卷让她们再做一次,证据之前,事情自然就能水落石出。但是,知道事实的真相,揪出她们的错处来,然后责罚她们一番以儆效尤就能真正解决问题吗?这样做,真是对她们好吗?这样做真的能在班级里起到整顿风气的作用吗?我不断地问自己。

一番思索之后,我告诉自己:不聋不瞎无法当家。事实的真相未必那么重要。让她们认识到什么是正确而有益的做法才是更重要的,更能帮助她们的。

　　于是,我再次找来了小静和斯斯,我告诉她们,这件事情我既不打算追究,也不打算在班级里大肆宣扬。我看到她们两个很明显地松了一口气。我接着又说道:"这件事就到此为止。但是,仅此一次,下不为例。并且,我希望你们能明白,我是因为愿意相信你们接下来一定会认真复习,能诚信考试才不予追究的。"

　　两个孩子不约而同地向我鞠躬道谢,并郑重保证一定会诚信参加考试。我点了点头,又告诉她们,在接下来的复习期间只要她们有出色的表现,我一定第一时间就表扬她们。然后,我让她们谈谈,打算如何投入接下来的复习。两个孩子认真思考了一番后,说了各自的打算。我边听边点头,并肯定了她们说出的正确做法。

　　说实话,对于这样轻描淡写的处理是否真能起到作用,我心里也没底。因此,整个复习期间,我的心都是悬着的。我不知道我这样"傻乎乎"的信任和不惩罚是否真能换来这两个孩子的认真对待。

　　但是,在接下来的三周里,我感受到了她们学习态度的转变,小静和斯斯都踏踏实实地进行着复习,默写、做试卷、听讲都毫不懈怠,最终的考试成绩也确实在她们原有的基础上有所提高。

　　回头想来,我真的庆幸自己的决定。真相其实没那么重要。让孩子们知对错,保护好他们的自尊心,鼓励他们"知耻而后勇,知不足而奋进"才是重要的。

老地方,不见不散

亲爱的孩子们:

吃过了年夜饭,你们就又都大了一岁了。祝贺你们!

不知道在这个"史上最长"、作业又最少的寒假里(由于气温骤降,学校取消了休业式,任课老师们没有机会多布置),你们有没有吃好?睡好?玩好呢?

这个星期天就要报到了,我看到不少同学的QQ签名上都出现了"假期余额不足"的字样。我想,你们一定对即将过去的寒假充满留恋,同时又对即将到来的新学期充满期待,却又有些惶恐吧。告诉你们,其实这几天,我的心情和你们是一模一样的。

孩子们,你们还记得去年8月31日,你们第一次来到我们学校报到的情景吗?我可是历历在目呢。你们睁大了一双双好奇的小眼睛四处张望,坐在窗边的同学甚至探出了小脑袋;相互认识的同学谈论、猜测着会是什么样的老师来教你们;还有几个调皮鬼(我就不点名了)前脚刚踏出教室,一看见我走过来,就急忙逃进教室,一边还高声喊着"老师来啦!"……我们就是在这样小小混乱的阵帐里相互认识了。

接下来的一个月,不管是对你们,还是对我们这些老师来说,都不容易。与小学相比,初中科目多,难度大,要求高;同时,老师们的授课方式也与小学有着很大的不同,你们需要时间来适应。而同样,对于我们这些刚送完一届初三的老师来说,你们这帮什么都不懂的"小毛毛头"也同样令我们手忙脚乱,有时要找一个同学来订正作业,老师们都要在教室里兜个半天。

孩子们,你们知道吗?在过去的这半年里,你们是一边跌跌撞撞惹着麻烦,一边悄悄地成长着的。随着日子一天天地过去,你们变得越来越团结,班风也变得越来越好。你们一定不会忘记,在运动会的长跑项目中,小龙由于跑得太过专心,自己多跑了一圈也不知道,最终得了个倒数第一。我们班的体育委员第一时间跑去找裁判解释,虽然最终没能将成绩改回来,但是全班同学,不分男女都拥抱了小龙,告诉他"多跑了一圈,证明你比其他人都厉害!"我相信,你们这份手足般的情谊一定能够让你们在这三年里相互激励,不断进步!

孩子们,新的旅程马上就要开始了。我不知道,现在的你们准备好了吗?为了帮助你们更快地进入新学期的良好状态,我想给你们几条小小的建议,让我们手拉手,一起走。

首先,我们要把身体状态调整好。在接下来的几天里,我们需要按照上学时间来安排作息,多晒太阳,多做运动,以保证我们有充沛的精力来投入新学期的生活。

其次,我们要把心理状态调整好。多看一些富有正能量的新闻、故事或消息。注意跟同学谈论时多用积极的话语,谈谈自己在新的一年里有些什么计划。我们要以满载希望的好心情来迎接新学期。

最后,我们要把物质条件准备好。检查一下自己的书包,是否需要补充一些文具、练习本。有备无患,心里才能踏实。

孩子们,这个星期天,老地方,我们不见不散!

爱你们的方老师

2016 年 2 月 16 日

你们需要接个力

9个不及格,4个优秀。放学前,我看到这次阶段性测试的成绩时,不禁眉头紧锁。与上学期末3个不及格、22个优秀相比,这实在不像是他们的真实水平。再加上最近任课老师们对班级学生懒散状态的一番投诉,一股无名火立即在我胸中燃起,我真想冲进教室狠狠骂他们一顿。

这时,QQ上校医传来消息说我们班明天开始可以解禁了。我忽然意识到由于一名同学得了水痘,我们班已经被隔离两周了。所有的公共课都改在本班教室上,活动课没法出去上,连吃饭也比其他班晚半小时。再看看他们最近的表现,我不得不承认,他们确实是憋坏了。我想,也许他们需要的是接个力。

夕会时,我宣布了解禁的消息,他们不出意料地都欢呼起来。而当我下发了试卷,他们看到自己的成绩时,不少同学表情都凝重起来,并用眼角的余光打量我,教室里也变得静悄悄的。而我只是平静地说:"这次你们考得真不怎么样。明天评讲试卷时,一定要认真听。"

"老师,试卷要家长签字吗?"班长小心翼翼地问。

我摇了摇头,说:"为了大家能好好吃顿晚饭,不用家长签字了。"

我看到不少学生投来了感激的目光。我又接着说道:"同学们,每次测试都能够反应你们这一阶段的学习情况。而这次测试的情况大家也都看到了。这是你们真实的水平吗?"

立即有学生回应"不是"。我点了点头,从讲台底下拿出我带来的大袋子,在他们好奇的目光中,我打开袋子将里面的脆皮核桃分发给他们。我边发边说:"你们考砸了,骂你们罚你们都无济于事。我还是买点核桃给你们吃,补补脑。争取下次考好吧!"

学生们神情复杂地接过核桃,一一向我道谢。一阵沉默之后,他们开始吃了起来,渐渐地教室里又充满了欢笑声。看着他们压抑的情绪逐渐被核桃赶走,我不由地笑了起来。

第二天下午,由于好几个老师外出比赛,我们班要连着上三节自习课。

看到学生们得知这个消息时的失望表情，我有些于心不忍，想了想，说："同学们，既然我们有三节课的自由时间，不如我们来玩个游戏吧。"

学生们一听都来劲了，七嘴八舌问玩什么。我故作神秘地说："保证你们没玩过。"

于是，这天下午我在班级里组织了一次OH卡牌活动。在活动过程中，我层层深入，先让他们通过抽牌，看图编故事来熟悉卡牌，接着我通过进一步的提问和引导，去发现讲述者潜藏在故事背后的潜意识动机，再帮助讲述者加深对自己的认识。

在活动过程中，我有不少有趣的发现。我看到身强力壮的小宇却内心脆弱，遇到困难很容易就会退缩，而安静乖巧的小静倒有着百折不挠的勇气去面对困境，平时调皮捣蛋的小远其实有着一颗善良大度的心……

半天下来，学生们的情绪都得到了良好的宣泄，而我有针对性的提问和引导则让他们多了一些思考和收获。几个爱钻牛角尖的学生开始尝试着换角度去思考，原本情绪不佳的学生经过调整都露出了笑脸，更有几个内心力量不足的学生从同学那里得到支持后连说话都坚定了许多。

就这样，在学生们考砸了之后，我用核桃和卡牌给学生们接了一把力。看着他们逐渐稳定下来的情绪和坚定起来的眼神，我相信在接下来的期中复习期间他们会渐入佳境的。

金 篇

教育赛金

　　金，这个字的写法是由上而下向内收缩，如同秋天的植物，将一夏的营养都汇集到一个个小的果实中进行凝结。这是一个能量不断内敛的过程。我们的教育更需要这样的沉淀和思考，从一次次失败中，吸取经验和教训。

白纸还是种子？

告状与被告状

我第一次做班主任那年，班上有个叫小希的学生，家境很好，由于中年得子，父母对他宠爱得无以复加，尤其是他的母亲。最令我印象深刻的是，一个读初一的学生，因为嫌学校的午餐不好吃，每天中午，母亲不仅送饭到教室，还一口一口喂给他吃。可想而知，这个孩子的思想、行为都有很大的问题，不爱学习，以自我为中心，没有责任意识，惹是生非，睚眦必报……因此，班上没有一位同学愿意和他做朋友，而他在校的每一天就是在告别人的状和被别人告状中度过的。

最糟糕的是，不到一个月，小希就把我的耐心磨了个精光。不知道从哪天开始，只要他和同学发生摩擦或矛盾，我都先入为主地认为是他的错，不管三七二十一，把他狠批一顿再说。对于他的解释，我统统认为是狡辩而不予理睬。渐渐地，同学们对他的态度也变得越来越差，有时甚至会集体排斥他。可当时，我认为这是班级同学有正义感，是在帮助他认识自己的不足。

抗议与抗议无效

终于有一天，小希的母亲前来抗议，说我对待她的儿子不公正。他是因为脚崴了一下，才不小心撞到了同学的课桌，导致桌上的东西掉到了地上，并不是要故意捣乱，但是我当着全班同学的面说他故意捣蛋，要求他写检讨，这让他母亲不能接受。而我则是摆出了十几二十条的"证据"，甚至还有"前科"，来说明她儿子是故意的。面对那些"人证""物证"，这位母亲沉默了很久。我则一厢情愿地认为她一定是明白了她的儿子是在抵赖、推脱，我还认为应该趁此机会联合家长给这个孩子点教训，让他记记牢。于是，我提出让她把孩子带回家好好反省一天再来。她一听要让孩子回家就急了，说什么也不同意。我想了想，就说："那么这次就请你配合我们一起进行严厉的教育，

还要写一千字的深刻检讨,下次再犯,就要带回家了。"她苦着脸,看着我,欲言又止。最后,无奈之下,只能硬着头皮训斥自己的儿子。而小希则大哭起来,一边喊着:"你是我妈!为什么连你也不相信我!"我认为他这是矫情,就帮着他母亲一起训斥他。小希哭了一通后不情不愿地去写检讨了。

我对此感到很满意,甚至为自己能联合一位"问题家长"对"问题学生"共同进行教育而有些得意。

停学与被迫转学

但是事情并不像我想象的那样有了好的变化。从那以后,小希在班上更是变本加厉地捣乱。课间乱扔粉笔头,拉女同学辫子,搞得鸡犬不宁,上课要么睡觉,要么乱插嘴,扰乱课堂纪律,甚至连作业也开始不交了。我每天都为处理他惹的是非,搞得筋疲力尽。家长也隔三岔五被我找到学校来配合处理。到期中考试之后,不是我要求家长带他回家反省,而是他的母亲受不了他这样闹事,主动要求把他带回家去了。而自从被母亲带回家后,小希也不愿意再到学校里来。我几次上门去家访,他都躲在自己的房间里避而不见。

第二个学期开学时,他的母亲来学校给他办了转学手续,去了外地。按理说,这样一个捣蛋分子转走了,我应该感到一身轻松,高兴都来不及。但不知道为什么,在得知他转学的那一刻,一种深深的内疚感席卷着我,令我几乎喘不过气来。时至今日,每每想起这件事,我仍然心情沉重。

我后来反思,教育者们经常会有一种错误的认知,那就是:孩子是一张白纸,可以按照我们父母、老师的"蓝图"来进行设计。其实,与其说孩子是一张白纸,不如说是一颗种子。而且,每颗种子的花期都不同。有的花,一开始就灿烂绽放;有的花,需要漫长的等待。也或许这颗种子永远不会开花,因为它将长成一棵参天大树!所以说,每个孩子的成长都有属于他自己独特的心灵密码。并且只有通过他自己的行动、感受和思考,才能解开这个密码,最终完成真正意义上的成长。

案例中的小希就遇到了一位把他当作白纸的班主任,但是他没办法按照老师的"蓝图"来成长,因此他总显得与老师和班集体格格不入,而当老师联合了家长来硬性改变他时,矛盾就不可避免地激发了。

对像小希这样比较独特的孩子,我们确实需要更多的耐心和包容,要理解他,给他成长的时间和空间。除此之外,我们还可以通过以下几个措施来帮助他。

一、安排适当的班级职务,鼓励其积极参加班级活动。所有的孩子都喜欢成就感，我们可以抓住这个特点，给他施展自己才华的机会或者锻炼自己不擅长的一面，让他从中体验到进步和成功的感觉，也有助于他融入集体，慢慢被班内其他同学和老师接纳并喜欢。

二、鼓励他乐于助人。心理学研究表明，人们对喜欢帮助别人的人更有好感，因此我们要鼓励他时常帮助别的同学。借此不但可以改善小希与同学的关系，更能让他体验到自己的存在感和价值感，更好地帮助他成长。

三、赏识和激励并用。在平时的学习和生活中，注意多观察，及时发现他身上的一些闪光点，并在全班学生面前给予表扬和激励，让他对自己建立起自信心，让他觉得"我能行"。在诚挚而又恰如其分的表扬、扶持和鼓励中，让他逐渐消除由于不合群而产生的自卑，增强自信，在荣誉感与成功体验中发掘自我价值，激发奋进的动力。

（收录于《教室里发生了什么》）

焐不热的"石头心"

暑假结束,刚送走一届初三的我,被安排继续留在初三,接任初三(6)班班主任。学生报到那天,进教室前,我习惯性地站在窗外观察孩子们。发现大家都三五成群,或聊天,或嬉闹,唯独讲台边有一个格外瘦小、脸色苍白的女孩一言不发,只是静静地坐着,仿佛身处另一个时空。于是,我走进教室,问这个女孩是不是哪里不舒服?她摇摇头,继续静静地坐着,也没有多看我一眼。我忍不住对她好奇了起来。瞥了一眼她的作业本,我才知道,她就是小娟。

原班主任在做交接工作时曾告诉过我,班上有个性格孤僻的女孩名叫小娟,从不参加任何集体活动。因为她自幼患有严重的类风湿性关节炎,站立都困难,更别谈跑跳了,上下学都是奶奶用三轮车接送的。更不幸的是,在她十岁那年,父母死于车祸,现在家里只剩下奶奶与她相依为命。

她的疾病与遭遇不免令我动容,但让我不解的是,原班主任劝我别在这个命运多舛的女孩身上多花精力,因为她有一颗焐不热的"石头心"。我偏不信邪,每天都找机会跟她说说话,问问她有没有什么需要帮忙的,还特意安排住得离她家比较近的同学每天上下学时帮她拿书包,扶她上下奶奶的三轮车。

但是一个学期过去了,小娟依然每天静静地坐在教室一角,对我也仍旧是冷冷淡淡,就像一朵遗世孤立的百合花,不容他人靠近。原班主任那句"焐不热的石头心"更是如尖刺一般扎在我心上。难道小娟真有一颗焐不热的"石头心"吗?我内心不禁开始有些动摇。

因为陪伴他们只有一年的时间,为了更快地了解这群孩子和班内情况,第二学期我每个周末都让他们写周记,并且规定他们写这一周在校的学习、生活情况以及思想变化。孩子们基本上都以记录班内事件为主,但小娟的周记内容总是与别的孩子大相径庭。其实,她的内心世界很丰富,她在周记里常常记录生活琐事引起的各种感慨。不管是上下学路上看到路边的落叶,还是天边的晚霞,甚至忽然飘起的小雨,都会令她触景生情。从她的文字里,我看到不善言辞的她总是带着淡淡的忧伤,我相信她一定也渴望着友情,渴望着融入集体。但是是什么阻碍了她呢?我百思不得其解。

二模考试后的一周,我让全班同学总结自己在这次考试中的得失,以便我在中考前再激励他们一下。而我在接下来的那个周一查看时,小娟的周记令我大吃一惊。那一页只写了一行字:对于一个没有未来的人来说,考几分又有什么差别呢?平时,我总能在她的文字后面写上几句安慰也好鼓励也罢的话,但这次我真的不知道该写些什么了。要知道,父母留给小娟的遗产确实可以让她和奶奶几十年衣食无忧,但她再也得不到来自至亲的关怀和支持了,而长年的病痛又不断地蚕食着她的健康,使她的身体越来越羸弱,这一切都像无形的枷锁般钳制着小娟,也渐渐地封锁了这个花季女孩的心门,磨灭了她对未来生活的憧憬。

是啊!这样的一个女孩,她的未来在哪里啊?看着她那一行字,我感到前所未有的无力与挫败。我接连几天寝食难安,却又不知所措。这一年来,我已经用尽了自己能想的所有办法,但始终捂不热小娟的这颗"石头心"。

我后来的反思:在面对一个看起来比较"弱"的孩子时,我们老师常常会有一个通病,就是不知不觉把自己放在一个的"拯救者"的位置上,总想充分体现出自己是多么富有智慧和爱心,无论怎么做始终都是为学生好。我们会因此一厢情愿做很多事情,并且自己认为付出很多。但是当这一切都没有效果时,问题就来了。像我最初就因为小娟没有在自己的引导、关心下有自己期待的变化而苦恼。要知道,学生的成长真的不仅仅依靠老师的教育。就像雷夫所说"我不能拯救学生的灵魂"。因此,我们作为老师,要明白我们只有摆正了自己的心态,才能期待最好的结果。我们能做的,是为学生的成长提供良好的环境和平台,陪伴着学生,和学生一起成长,而不是绞尽脑汁企图把他们变成自己想要的样子。一心想要按自己的方式来捂热这颗"石头心",到头来只会凉了自己的心。为何不顺应她的需求,助她成长呢?

这个案例中的小娟身患疾病,命运多舛,但是她依然是一个有尊严、有思想的独立生命体。她需要的,既不是同情,也不是施舍,而是尊重、陪伴和实现自己的价值。也只有以此为目标,才能给她真正的帮助。我们可以从以下三方面入手:

一、尊重而不滥同情

我们要考虑到她是有尊严的,并不需要靠别人的施舍度日。长期滥同情造成的后果,要么让她觉得别人的帮助理所应当,不会感恩;要么让她觉得自己很没用,非常自卑。因此,在她自己能解决的问题上,不要给予过多帮助。像我过多关心,上下学都要安排同学拿书包,完全没有必要。

二、现实和心灵的陪伴

　　小娟不善言辞,但是写出来的文字中常常有着对生活的各种感慨。那么,也许用笔头交流的形式更能打开她的心门。师生之间也好,同学之间也好,都可以试着写写纸条来交流。课间休息时,也许只是静静地陪她坐着,就能让她倍感温暖,并不需要多余的言语,用她能接受的方式来陪伴才更有意义。

三、做贡献体验价值感

　　在班级事务分工中,尊重她自己的意愿,根据实际情况和能力,让她为班级做一些力所能及的事情。会写会画,可以出黑板报;能说会唱,可以在班级活动中表演节目。平时的劳动任务中,可以分配给她类似整理讲台等不需要太多体力的活。让她有更多的机会为集体出力,体验自己存在的价值感,这样有助于她更好地融入集体,克服自卑心理,树立自信心。

(收录于《教室里发生了什么》)

真正的"拿来主义"

为了帮助踏入初中门槛的孩子们尽快适应新的学习生活环境,我往往会借鉴一些小学老师惯常使用的激励手段,拉近与学生们的距离。开学第二周,我利用午休时间到文印室印了一堆花纹精致的小奖状,准备用来表扬最近表现优秀和有明显进步的孩子。

当我抱着刚印好的一叠奖状准备离开文印室时,一位同事看见了,好奇地向我问道:"方老师,你印的这一堆花花绿绿的是什么啊?"我向来不藏私,就大方地递给她看,告诉她这是用来鼓励学生进步的小奖状。听罢,她又进一步打听我是如何制定奖励标准的,我也原原本本地讲给她听。最后,她向我要了这些小奖状的模板,打算如法炮制。我告诉她文印室电脑中还留有一份模板,她可以自行打印。

随后,我捧着这叠小奖状回到办公室。同办公室的两位班主任也对我手中的奖状产生了好奇。我再次为他们解释了一番,同样与他们分享了自己的奖状模板。但在了解了我所采用的奖励制度后,她们并没有一味接受,而是结合各自的班情特点,讨论起了细节处的改进方案,让旁听的我也有所收获。

看着这两位同事认真探讨的样子,我不禁想起了鲁迅先生在《拿来主义》一文中说的"我们要运用脑髓,放出眼光,自己来拿!"

"拿来主义"这一词在现在很多人的理解中,等同于照抄、照搬。其实,这些人恰恰都忘记了鲁迅先生写下这篇文章的本意——对于拿来的东西,"我们要或使用,或存放,或毁灭"。也就是说,要我们根据自己的需要斟酌使用,而不是不管好坏全盘接受、生搬硬套。

我所生活的这个江南小城,市教育局非常重视新教师、新班主任的上岗培训,我也有幸参与了几次培训活动。我发现,培训过程中,新老师格外关注的是实际工作中遇到各种难题时该怎么处理。而后续的一些调查,让我不免有些忧心:几乎每个新老师都会模仿着讲师讲过的方法来处理班级事务,而若遇到讲师没讲过的问题,他们就会变得手足无措。例如,一次培训中,"全国模范教师"于洁老师在举例中提到的让班级中的学生人人有事做的"各司其职"策略，以及方便老师和学生能尽快将学生的相貌与姓名对号入座的席卡，几乎被所有参与培训的班主任"借鉴"，形成了"前班一律"的场面。

　　事实上，再好的教育方法，如果不考虑班级、学生的实际情况，不假思索地照搬照用，效果往往会大打折扣，甚至事倍功半。例如，"各司其职"策略，一位老师打算借鉴于洁老师的做法，但因他的班级中学生人数多，班级事务不能进行平均分配，他就简单地安排了几个项目让两个同学一起完成，如擦窗户、擦讲台、倒垃圾等。其实，如果能协调好学生的分工，这么做也没什么不好，但他偏偏又没有做任何安排，最后落得要么两个学生因工作量不均等而发生吵闹，要么两个学生中更软弱的那个被欺负，任务全归一个人完成。其实，如果他能稍微动下脑筋，变通一下，如请两个同学按单双周轮流值日，或者分为早晚进行任务分工，只要事先立好规矩，就不会导致这些混乱局面的发生了。

　　再比如，要开家长会了，认真的老师会根据班级具体情况，事先做好充分准备，如做好幻灯片课件等；而想要偷懒的老师则会临时在网上下载一份课件，不管是否符合自己班级的情况直接套用，最后闹出笑话不说，还影响了学生的学习进度。最可笑的是，某次一位老师甚至将课件上原作者班级的任课老师联系方式原封不动地保留了，学生记录后带回家，家长按照这个电话号码联系老师，结果发现找错人了，简直令人啼笑皆非！

　　我能理解，大多数老师的教学模式都是从模仿开始的，但是，如果我们只知道一味地呆板模仿，而不愿积极创新，最终一定会丧失自己的创造力与灵性，失去自己的本真。真正的"拿来主义"，应该是有选择、有思考地活用学来的知识，这样才能让我们获得真正的成长！

（发表于《新班主任》2016年10月）

学会聆听，慢慢说话

前天月考成绩出来后，除了发送各科成绩及总分以外，我还针对每个孩子现阶段情况写了一段评语，这样家长们就没再打电话来向我询问。但让我意外的是，昨天放学后，我刚从班级走出来，早等在走廊里的小远爸爸喊住了我。

比起上学期末，这次考试小远语、数、外三门都有明显退步。我想这大概是他爸爸来访的原因吧。回到办公室后，我们大约谈了半小时，气氛却一直很尴尬。我一直在谈孩子近期的表现有些颓废，希望家长能多了解孩子的想法，多关注孩子的情绪。而小远爸爸则一直在抱怨小远的妈妈太焦虑，孩子一次考砸了，她就担心得似乎天要塌了，搞得孩子坐立不安，搞得他也不能安心工作，今天他是特地从外地赶回来的。我几次试图把话题引到关心孩子的想法上，却都被他急匆匆的话打断了。

这半小时的沟通显然是无效的。最后，看着这几天一直萎靡不振的小远垂头丧气地跟着爸爸离开后，我觉得胸口闷闷的。到底是哪里出了问题呢？

我不由想起台湾作家蒋勋曾经的感慨：语言本来是为了让人们沟通的，结果却变成了误解的开始，变成了对立的开端，变成了争吵的工具。

也许是因为这个时代的步伐实在太快，焦躁的我们都急于要表达自己的观点。谁知越急，越无法完整表达，无法让对方更好地理解自己。我们恰恰都忘记了，很多时候，聆听远比急于表达自己更为重要。也只有先好好地聆听自己的声音，才能让别人懂得自己的情感和想要表达的意思。

想明白了这一点，我打开手机的录音功能，边回忆边把刚才最想跟小远爸爸说的话重复了一遍。然后，我放给自己听，我听到自己用了很快的语速滔滔不绝地讲着，似乎挺有道理，但确实无法打动别人。于是，我放慢语速，又录了一遍，再听，再放慢语速，又录了一遍……

在一遍遍聆听自己声音的过程中，我的心情渐渐平静了。最后，我慢慢地将这些话又讲了一遍，录下来后通过微信，发给了小远爸爸。一个小时后，我收到了他的回复：我明白了。我会和小远妈妈一起多关心孩子的想法和情绪的。谢谢你,方老师!

今天,我悄悄地观察小远,他不再像前两天那样萎靡,上课他积极发言,下课他和同学们有说有笑。放学时,看到他边哼着歌儿边拖地,我故作不经意地走到他身边,说:"哟!小伙子今天心情不错嘛!"

他抬头看了我一眼,一边继续拖地,一边笑着说:"老师,我父母终于肯好好听我说话了。我当然开心啊。"

是啊。父母和老师能好好地听孩子把话说完,说清楚,就能让孩子感受到被尊重、被理解,而孩子的情绪问题一解决,其他问题也就随之迎刃而解了。与其说者心急火燎,听者不明就里,不如让我们学会聆听,再慢慢说话,好好说话吧。

面对丧亲我们能做什么？

——《90后的思维为何如此》读后感

看了一个因一名学生的母亲病逝而引起师生矛盾的案例，我的心情刹那间变得非常沉重。丧亲之痛，定是这世上最让人无法接受的痛苦。但在面临这同样的痛苦时，不同年龄、不同性别的人表现却是各不相同的。那么，作为教师，我们面对经历了丧亲之痛的学生，除了掬一把同情之泪外，到底还能做些什么来帮助他们呢？在我看来，真正想要帮助他们，我们就必须要了解他们究竟需要什么。在这个案例中，班主任老师和部分同学的分歧也就在这里。

我们都知道，丧亲事件必定会引发青少年的哀伤反应，而过度哀伤对他们的心理健康产生着极大的负面影响，有可能阻碍他们的健康成长。因此，如果我们教师有能力对丧亲青少年家庭进行有效的介入工作的话，是具有重大意义的。在此之前，我们要了解，不同的青少年对于灾难性的事件都有不同程度的反应和不同的因应策略，因为生命个体都有其自身特有的心理防御机制和抗逆力。因此，我们有必要对丧亲青少年的情绪和行为进行一个总体性评估，根据不同的评估结果选择不同的介入策略，根据丧亲后的情绪和行为表现，我们将青少年群体分为三类。

第一类青少年，在失去亲人后，不仅会痛哭、伤感，而且会主动承担对于家中其他亲人尤其是老人的生活照顾和心理抚慰，有的还化悲恸为力量，帮助家人一起处理后事。这些行为是他们在合理利用移情、转移等心理防御机制，消解自身的痛楚。对于这类青少年，我们介入的工作焦点应集中于社会功能的恢复上，如强化他们的积极行为，鼓励他们应对挫折，通过多方渠道为其创造良好的生活、学习环境等。

第二类青少年，在失去亲人后表现出较明显的丧恸症状，如罪恶感、麻木、厌食甚至有自杀倾向。对于这类青少年，我们介入工作焦点就是哀伤辅导和社会支持网络的建立。

第三类青少年，在丧亲后表现出失常的行为，如神志不清、出现幻听或幻觉等，这类青少年介入的工作重点是精神康复，需要入院治疗。

由此可见，对于青少年的初步评估是开展介入工作的首要环节。在进行介入工作时，我们要分三个时期来进行。

第一，震惊与逃避期。建立支持关系，倾听与陪伴，强化社会支持系统，提升安全感，指导照顾日常生活，满足其生理需要。第二，面对与瓦解期。帮助丧亲者认识、接受、适应丧亲事实；引导其识别、体验和表达不同层次的负面情绪，预防产生适应不良行为及创伤后应激障碍。第三，接纳与重建期。鼓励丧亲者重新适应逝者不存在的新环境，积极探索应对策略，与外界建立联系，重建生活目标和希望，必要时寻求社会支持。我们要特别注意，与丧亲青少年建立关系是哀伤辅导的首要步骤，也是哀伤辅导成功的关键所在。

当然，我们大部分班主任老师没有专业的心理学背景，也没有接受过哀伤辅导的训练，但我们要明白，如果我们班主任老师只凭一腔热血，不考虑其实际需要，那就只能做做表面的工作，并不能从实质上帮到学生。而案例中经过家长同意组织班干部前往慰问的形式，在我看来意义也不大。因此，从这个角度来看，我倒是理解那些反对班主任这种做法的同学。毕竟，给学生需要的才有意义。

如果我们没有有效介入工作的能力，那么，适时的陪伴是我们能为此类孩子做的最有意义的事情。

2014年，我介入在"昆山中荣事件"处理工作时，曾花了两个星期时间陪伴一个失去母亲的女孩，那个女孩16岁，应该和案例中的学生年龄相仿。第一个星期，我都只是默默地陪着这个女孩，在她父亲照顾比她更小的弟弟时，给她递水送饭，她也只是沉浸在悲伤中，仿佛没有感受到我的存在。我曾有一度怀疑自己是否有必要在那儿陪着，毕竟，她还有父亲可以依靠，不是吗？但是，就在她家办头七仪式时，她的父亲没打招呼便放了一串鞭炮，吓了所有人一跳，而站在这个孩子旁边的我下意识地张开双臂护住她，没想到，这个孩子却抱住了我，说"阿姨！我想我妈妈！"而我什么话也说不出来，只是抱着她，轻轻地抚着她的背。那一刻，我想我留在她身边是有价值的。

我认为，我们班主任存在的最重要价值是在学校里适时守护学生的身心。对于案例中的学生，教师或者同学能够在他需要的时候聆听、陪伴他，是最基本的支持。让他透过诉说、回忆、分享，找到一个宣泄的出口。另外，对于他强烈的情绪表达，无须制止、建议、说教，任何人遭此巨变，都会有难以承受的悲痛、愤恨，而我们聆听者的接纳、尊重、给予空间最为重要。至于进一步的辅导，建议由经过相关训练的咨询师来做。

（发表于《福建教育》2015年第9期）

爱如体温，适宜为佳

——答复一位为叛逆学生所困扰的同行

说实话，信中所提到的这类厌学的孩子，几乎每个一线的班主任都遇到过。我自己也不例外，因此对于这位老师的心情我十分理解。

不难看出，写信的老师是很有责任心的，但我得给这位老师泼一瓢冷水：对于这样的孩子，你越是急切想改变，越是着急上火，效果反而会越差。

父母、老师都以自己的方式表达着对这个孩子的关爱，步步紧逼，却都未意识到，爱如体温，适宜为佳。体温过高，不免成病。你们爱他爱得如火如荼，却不知因此烫伤、烫怕了孩子，他躲闪都来不及，哪里还会听从你们的安排。当他遭受两面夹击、逃无可逃时，当然唯有封闭自己才有活路。

孩子的厌学，往往与自身的性格、适应能力和家庭教养方式有密不可分的关系。从信中的描述，我们可以看到这是一个不善于表达自己的孩子，也就是说性格偏内向。"爱玩游戏""遇事总是逃避"则反映出他自信心不足，意志力薄弱，耐挫力较差。从他爱"折腾父母"则不难猜出其家庭关系紧张，沟通不畅。并且，在这个孩子逐渐叛逆的过程中，父母和老师一定已经做了很多自认为能帮助他的事情。但从目前的情形来看，这些爱的表达非但无用，甚至更加重了他的厌学。

那么如何才能表达出适度的爱，真正帮到这个孩子呢？我认为，首先是父母和老师都要调整心态。先接纳孩子的现状，包括成绩的现状、孩子处事态度的现状和相互关系的现状。要摒弃"不能再让这孩子这样下去了！""这样下去可不得了"这样的念头。我们要告诉自己，人生是他自己的，我们再觉得不妥，他也有权利选择这样去生活和学习。而且，初中三年的学习，对于他的一生来说，不过是极短的时间。虽有影响，却也未必有我们担心的那样大。

其次，父母和老师要摆脱"拯救者"的角色。要知道，青春期的孩子原本就是一身反骨。如果关系紧张，你想指挥他朝东走，他十有八九为了赌气偏就往西走。而如果我们放平心态，就事论事，轻描淡写或旁敲侧击地给建议，他反倒有可能照着做。因此，这种情况下，父母、老师"示弱"，放低些要求，也不失为一个好办法。父母、老师一旦一味地想着要"救"这个孩子,去做一些自认为对他好,但孩子不接受的事情,极有可能会因孩子抗拒而无效。不难想象,这个性格内向的孩子拒绝与父母、老师沟通时,他们会感到多么受伤。

我们不妨只做个守护者,给孩子更多自由的时间和空间去慢慢地成长。同时,我们可以在孩子人际关系的建立上下些功夫,通过其他孩子的正能量来带动孩子,用现实的活动来激活孩子的存在价值感和提高自信心,减少孩子从电脑游戏中获得的成就感和快乐。班级里可以组织一些他可以一展才能的活动,增加他在班级里的存在感,我们要善加利用集体力量来帮助他。我曾经就通过班级英文歌曲演唱展示、演讲比赛和辩论大赛的形式,鼓励了一批学习困难的学生,让他们看到自己有能力做到一些原本自认为很困难的事情,从而增强了自信心,提高了他们的自我评价,他们学习态度的改变也就不言而喻了。

一个孩子的厌学绝不是一天形成的,因此也没有妙法可以令其立刻回心转意、热爱学习。我们能做的就是理解接纳和适度引导,绝不强求孩子言听计从,因为,爱如体温,适宜为佳。

(发表于《福建教育》2016年第9期)

女神、女汉子和公主病

我们班有三个女生特别引人注目,她们是安安、小玉和依依。

先说安安。人如其名,长得斯斯文文不说,性子也是温温柔柔的。但你可千万别因此就认为她柔弱。校运动会上,她的100米短跑成绩保持着校纪录;每次考试,她的总分从来都是年级前三;她还是班级里的文艺骨干,唱歌、跳舞、弹古筝样样在行,只要有活动,她随时都能上台。这样一个集颜值与才华于一身的女孩简直就是全班的楷模。我们班的男生都管她叫"女神",而且,她还是个"高冷女神"。因为我们几乎见不到她笑,就算是考了年级第一,她也只是微微抬抬嘴角。

我们再来看看小玉。不管是平时上课还是周末休息,她总是一身运动服。小麦色的皮肤,一头短发,让她整个人倒是充满阳光活力,就是怎么看都少点女孩的温婉。说话粗声粗气不算,一有空就去打篮球也罢了,但她总喜欢跟男同学称兄道弟、勾肩搭背,实在让我这个班主任有点看不下去。有一次,我跟她谈起这个问题,没等我说完,她就向我摆着手说:"老班,你别这么封建好不好?"说完,就帮着旁边的男生把一桶纯净水装进了饮水机。我只能无语地看着她,心想,她就是传说中的"女汉子"吧。

最后说说依依。这孩子本身长得就挺漂亮,大眼睛、高鼻梁、白净的脸盘,乌黑的头发,再加上她每时每刻都很注重自己的形象,说她像个公主也不为过。但这个长相讨人喜欢的孩子偏偏在班级里的人缘极不好。因为她特别怕脏,每次值日总是扭扭捏捏,用拇指和食指捏着扫帚,把地面扫一遍,组长检查不合格,要求她重扫,她就立即哭闹说组长欺负她。弄到最后组长没办法只能帮她扫了。但凡跟同学有些小矛盾,总是她有理,别人都是错的,她是一点亏都不肯吃的。久而久之,同学们就都说她有"公主病",不愿意搭理她了。

这三个女生虽然特别之处各不相同,但我认为如果不加以引导,对她们的成长都有不良的影响。

由于女生更能适应我国目前的教育方式和考试体制,我们不难从近些年的高校入学和各级各类社会岗位的考试数据发现,女生占据优势。也正因为如此,很多家长对女孩的要求更趋于严格。他们甚至认为,给女儿快乐的童年不如给女儿成功的成年。而在学校里,老师们也常常基于"男生能做的女生也能做,女生并不比男生差"的观念,对女生提出了高目标、高要求,过多强调女生必须"弥补弱项""不偏科",而对女生的性别特征、个体天赋和兴趣关注得极少。实际上,像安安这样表面成功的女孩正承受着比男孩更大的学业压力,这些所谓的"成绩"给她带来的是隐形、持久的伤害。因此,即便所有人都认为她颜值与才华并重,她也无法展露笑容。

我认为,对于"女神",我们老师要保持清醒的头脑,不能沉醉于她的样样"无懈可击",相反要给她机会去犯错,甚至犯傻,允许她有"薄弱科目",允许她失败,允许她有"臣妾做不到"的时候。我们要想办法帮助她缓解压力。我们可以通过谈话让她知道,她有权将更多的精力放在自己真正感兴趣或者有潜在发展能力的学科或能力领域里。在精力有限时,她应当拒绝再去完成那些额外的任务,她不需要活得那么累。我们也有义务要跟家长谈一谈对于孩子应当抱有合理的期望,而不能无底洞一样不断提高对孩子的要求,不要等到把孩子压垮了再后悔。同时,我们还要注意引导正向的班级舆论,以减少给她带来的压力。

我们再来看"女汉子"一词,从字面上我们可以理解为"像男人的女人"。"女汉子"一般被定义为不拘小节,性格开朗直爽,心态乐观,内心强大,能独当一面扛起责任的女子。这本身不是一个贬义词,我甚至认为女孩子粗线条一点也未必是坏事。但我也认为凡事都有个"度",如果一个女孩子性别的概念和界限都很模糊那就不是好事了。性格外向,爱与男生交朋友都没什么问题,但是青春期的男女生在相处时还是需要保持一定的距离的,只有"亲密有间",友谊才能更加长久。

因此,为了保护像小玉这样的女孩,我认为我们老师首先要尊重她的这种个性特征,不能粗暴地强迫她从某天起保持与男生的距离,而是要通过天长日久的谈心或是借一些青春期人际交往类的书给她看,潜移默化地让她意识到男女是有别的。还可以用传小纸条这样柔和的方式来改变她粗犷的与人交流的方式。当然,我们还是要肯定她这种男女平等、自立自强的精神,同时我们可以通过一些心理小游戏来让她明白,示弱有时也是一种处理事情的好方法。只有学会刚柔并济来处事才能达到最好的效果。

至于依依这样的孩子,通常是因为从小在家太受宠爱而形成了这种娇生惯养、非常情绪化、缺乏自控能力、任性又缺乏独立的个性。经常受到班上其他同学的另类眼光,她自己却还不自知,依然自我感觉良好。如果任其发展,对其今后生活和学习一定会产生严重的影响。

相对心理年龄会偏小,我们老师可以用借绘本给她看的方式让她明白世界从来不会以某一个人为中心,它不会永远晴空万里、风和日丽。遇到事情,与其哭闹,不如坐下来想想办法。我们可以在帮助她通过改变自己的行为、改善其人际关系的过程中,慢慢地引导她建立起成熟的思维方式。而对于怕脏、不爱劳动这样的心理,我们可以用手把手教、多鼓励的方式来帮助她克服。

现如今的社会是一个多元文化的世界,我们的女孩们受着这个时代的深远影响也有着多元的价值观,但她们也常常因此而感到迷惘。这个时候就需要我们老师及时为她们点亮指路的明灯,引领着她们一路前行。

缝隙,恰是阳光进来的地方

进入12月后,我每天都忙得像陀螺。上课,批作业,督促背默,出复习试卷,做年终材料……这几天,只要我一坐定,眼皮就直打架。而且,由于疲劳,我变得越来越没耐心,越来越容易烦躁。而孩子们到了学期末也似乎已将力气消耗殆尽,都是无精打采地应付着。

再加上周末家里事情也多,这个周一上班时,我真是感到了身心俱疲。而我上完课,回到自己办公桌前时,却发现多了一小包瓜子和一小袋饼干,我反射性地回头去探寻是谁分享的,却看到同办公室的语文老师正在修剪一束白色的洋兰,我的眼神不由自主被吸引了过去。

这束花的花茎很长,但她的花瓶是个大矮罐子,怎么摆,看着都怪。我忍不住出声:"吴老师,你这花瓶和花实在不搭,我有两个细长的瓶子,给你一个吧。"说着,我拿出一个花瓶递给了她。她接过花瓶,想了想,把花一分为二,递了给我一半,说道:"方老师,这束花很多,你不是还有一个长花瓶吗?咱们一人一半,这样就正好。"我愣了一下,随即笑道:"那就谢谢你啦!"她温柔地回复了我一个微笑。

这时,我搭班的数学老师推门进来,神秘兮兮地说:"你们知道吗?月考要取消了!"

"为什么呀?"其他人都不理解地发问。

"你们想想,最近接连有三个班级爆发了水痘。为了防止扩散,这些班级的学生都被相对隔离了,这还怎么考啊?"他头头是道地解说着。

"哎哟!这些孩子最近状态都很差,这不是给了他们一个大空子钻吗?"我皱着眉头说道。

隔壁班的英语老师走过来,轻轻拍了拍我的肩膀,说:"方老师,你有没有听过一首叫 Anthem 的歌?"

我不明就里地摇了摇头,她微笑着继续说道:"里面有一句歌词是 There is a crack in everything, that's how the light gets in."

"万物皆有缝隙,而那恰是阳光照进来的地方。"我细细地品味起了这句话。

"是啊,你不觉得你最近把自己的时间排得太满了吗?你需要给自己一点缝隙来接受阳光了。"她的笑容让我感到了一股温暖的力量。

中国的山水画之所以美,不正是因为有留白吗?严丝合缝如何能容纳更多不同的力量?留有缝隙正是为了让更多的光透进来,照亮彼此。

想到这里,我的心情顿时轻松起来。也许,孩子们的疲惫需要一个活动来调节,而不是一次考试来刺激。于是,在原本安排考试的那一天,我们班组织了一次英语时装秀,极大程度地点燃了孩子们和受邀老师们的热情,将大家临近期末的疲惫驱散了干净,让大家有了满满的动力去迎接接下来的期末复习。

忙碌之中,给自己留条缝隙,让阳光照进来的感觉真好!

搜题软件:"帮手"还是"枪手"

开学报到工作一结束,班上小唯的妈妈就满脸愁容地来找我,说自己找到了上学期孩子成绩急速下降的原因,想跟我谈谈。我请她坐下后,她把一部手机递给了我,并向我展示了一款搜题软件,她告诉我这是小唯的手机。寒假期间,她发现孩子一拿到作业,就用这个软件查,只要拍一张题目的照片,就能立即得到答案。她相信,小唯平时就是依赖这个软件抄作业,自己丝毫不动脑筋,最终导致了成绩的急速下降。

其实,从去年下半年开始,就陆续有家长跟我谈起这个问题。我认为,凡事都有正反两面。虽然搜题软件是一个新事物,但这和练习册下发前老师们纠结于是否要收掉答案是一样的道理,无非就是担心学生不动脑筋抄答案。

从作业的作用来看,是为了复习和巩固当天或这一阶段所学的知识。而对于学生来说,作业中可能会出现一些较难解答的问题。向同学、老师询问并不是随时都方便,家长的辅导能力又有限,于是,搜题软件应运而生。如果像上述情况,是为了解决难题,并且在查到答案后,孩子也能主动再思考,那么搜题软件就是个好帮手。因为它方便、快捷。但是如果孩子自控能力较差,对它产生了依赖,自己丝毫不动脑筋,只是用来抄答案,导致作业全对,考试都不会,那么它就沦为"枪手",在害孩子了。

因此,我认为,搜题软件并非不能用,而是应当控制使用。我们老师可以利用班会课、国旗下讲话、黑板报、手抄报等形式进行正面宣传,教育学生要合理地使用,不能滥用。也可以通过组织学生进行这个话题的辩论赛,来帮助他们更好地认识这个问题。还可以在班级里进行评比,看谁用得更好。树立起良好的班风,带动学生自觉地善用这个软件是最好的解决方法。而对于自制力较差的学生,除了进行思想教育外,还需要家长一起合作来加强管理。

而从学科教学的角度出发,我们老师首先应该考虑布置的作业的量要合理,各科也要协调好,当然难度也需要控制,因为作业量大,难度高,学生因来不及做而变得烦躁,是抄作业很大的一个原因。其次,我们要注意及时更新题库,尽量少用那些陈芝麻烂谷子的题目,学生查不到,自然就自己做了。

从家长的角度,我认为可以先礼后兵。先和孩子讲明这个软件的正确使用途径,即只用来查难题,不能每题都查。并且,家长可以监督孩子搜题的过程,给出一些指导意见,要告诉孩子,查到的答案也并非都是正确的,还需要孩子自己动脑筋进行判断、思考,然后自己再写,不能照上面抄。如果孩子一味地盯着答案,不加思考,那么就只能没收手机,不要再让孩子用软件查了。

管好压岁钱,打败CPI

对于现代家庭来说,孩子是绝对的中心。在理财观念越来越普及的今天,围绕孩子的资产配置也就自然而然地成了整个家庭的理财中心。很多家长都希望能从小培养孩子的财商,而最好的培养方式莫过于通过共同实践,潜移默化地提升孩子的理财素质。面对目前通货膨胀压力逐渐加大、CPI(居民消费价格指数)高居不下,压岁钱的管理就恰好给了我们一个极好的机会来训练孩子。

每年年后,很多父母都会为孩子开设一个账户,并会亲自带孩子到银行,教孩子怎样存钱。这个时候我们还可以顺便告诉孩子存哪一种期限意味着什么,自动转存是什么概念,不同的利率时期下要选择存哪一种存款期限等理财小知识。

我们还应该引导孩子思考压岁钱留多少自用、存多少、存多久,为什么要这样存。起初,可以让孩子从短期存款开始,比如三个月或半年。这样能让孩子在短期内看到存款的数目在增加,从而引起孩子对与这笔钱相关的理财信息的兴趣,激发孩子自觉地学习一些理财方面的知识。我们需要教给孩子一些这方面的理财技巧,如零存整取、12张订单法等。孩子以后有钱就会自觉地想到存到银行,既安全又可以得到利息。等到他想买自己心仪的物品时,就可以让他用自己存起来的钱去买。这样既可以让孩子体验"积少成多"的乐趣,又能让孩子体会到"有选择地消费"的意义。

中国人自古勤俭节约,因此普遍习惯于储蓄。我国的储蓄率高达40%,居全世界首位。但其实,储蓄利率非常低,通常还不及通货膨胀率。因此,随着孩子年龄的增长,我们有必要让孩子适度积累"生钱"的经验。我们首先可以从保值入手。黄金、白银是"硬通货",压岁钱用于购买这些也是不错的选择。所以,不少家长都说:"现在是低利率时代,存款并不划算。每年为小孩购买一根金条,既有纪念价值,又有保值功能。"目前市场上通用的黄金投资方式,不外乎实物金、纸黄金、"黄金T+D"等复杂且风险较大,不适合普通投资者。所以,简便、安全的实物黄金是目前最普遍的投资手段。家长将孩子的压岁钱转化为"压岁金",一来可以作为长线投资,保值增值;二来孩子能看得见,摸得着,轻易又花不掉,省去了家长代管的麻烦。另外,还有一种黄金定投也是不错的选择,每月以固定的资金购买实物黄金。当合同到期时,客户积累的黄金克数可以按照金价兑换现金或实物金。

　　如果孩子觉得黄金、白银比较无趣,我们也可以选择纪念币、邮票等既保值又有观赏价值的东西。而当孩子达到一定年龄,我们就要让孩子接触一些投资类的模拟游戏或直接投资,让他们开始对投资有第一手经验。我们可以事先为孩子做好以下分析:买银行理财产品收益较安全,但因为客户必须在18周岁以上,而且第一次购买银行理财产品,还必须进行风险测评。因此,只能以家长的名义为孩子买,帮孩子的压岁钱进行增值保值。我们还可以引导孩子用压岁钱购买人身保险,达到理财和保障的双重目的。从类型上看,医疗、意外、教育这三项险类最适宜儿童。在保险产品的具体选择上,可根据孩子年龄段进行不同的侧重选择。而如果选择基金定投,首选是风险较小的货币基金。因为货币基金的流动性好,投资门槛低。等孩子到了初高中阶段,我们还可以鼓励孩子试试各类"宝宝类"互联网基金产品。我们要让孩子意识到理财的原则之一,就是不要让鸡蛋放在一个篮子里。

　　理财,其实也和孩子其他方面的教育一样,没有最好,只有最合适。我们需要引导孩子明确自身理财需求,再根据自身的理财金额、理财目的、风险偏好、投资预期等情况,确定合理、恰当的理财需求和目标。同时多样化配置,分散风险。只要现在教会孩子管好自己的压岁钱,将来就一定能打败CPI,成为一代理财高手。

别把早恋当成"瘟疫"

在一个早恋的案例中,我看到一个青春叛逆时期既有惰性问题又有情绪问题的学生,加上一个被"早恋"一词乱了阵脚的班主任,还有一个冲动行事的妈妈,一锅粥似的搅乱了这个孩子正常的生活和学习。之后,又没有真正有效地进行补救和处理,最终造成了一个令人遗憾的结局。

其实,在"早恋"由一种自然情感演变到一种成为家长老师心目中的"瘟疫"的过程中,家长和老师都有着不可推卸的责任。要知道,面对这个问题,家长和老师过激的反应一点也不利于问题的解决。在这个案例中,我们可以清楚地看到"早恋"这两字对班主任老师的判断和后续的处理都带来了极大的不良影响。很明显,她是戴了有色眼镜去处理这件事了。我们经常发现,很多新班主任都觉得这个问题如狼似虎,无比棘手,但真有那么可怕吗?我觉得未必!

从源头上来看,"早恋"的孩子很多是因为"缺爱"。换句话来说,这些孩子从家庭,尤其是父母那里得到的关爱不够,或者说是父母的爱传达不到位。有些父母看似很关心孩子,但由于方式方法不对,导致孩子感受不到爱,从而向外寻找爱,最终导致"早恋"。因此,对于有此类问题的家庭,班主任应当先"备课",了解这个家庭的特点,再根据其不同的特点跟家长进行交流,共同协作。而不是谁来了都大道理说一通,数落孩子的不是。我们如果能够把这个家庭存在的问题找出来,再决定如何帮助孩子,让家长更多地看到自己孩子的优点,提出操作性更强的方案,往往会事半功倍。非常可惜的是,在这个案例中的班主任非但没有意识到这个问题,还很放心地把这个问题抛还给家长单独去处理了。最终,煮成了一锅烂粥,谁也无力收拾。

对于"早恋"问题,最好的办法就是分散注意力。要知道,正确疏导的作用往往胜过于"严防死守"。对于正处于叛逆期的青少年来说,班主任要学会利用好周围具有正能量的人、事、物,做好正向的引导。班主任可以人为地为他(她)们合理地安排一些有益的活动,让他们把多余的精力放在能够使他(她)们获得成就感和关注的班级或学校工作上。试想,当他们发现,从同学、老师，甚至家长那里能更轻松、愉快地得到自己想要的关爱，通过班级活动可以得到更多人的关注和成就感，那时，他们还会顶着压力，非要和对方"聊得起劲"吗？

而对于双方条件有差距的学生，我们还可以用正面引导的方法。可以分别找男、女双方单独谈心，摸清双方谁是主动的一方，双方感情有多深。然后，再对症下药。我们可以问成绩好的一方："如果现在因为感情问题分心，不能专心学习，万一考试失败，你不后悔吗？再说，目前这个阶段，双方思想还没成熟，你将来考上高中，再考上大学，接触的人多了，还会有更优秀的人出现在你面前。如果你现在过早地做出决定，将来不后悔吗？"而对成绩落后的一方可以说："你们现在有这样的差距，一旦对方考上好学校，而你考不上时，你们的差距就会更大。你觉得能长久吗？如果能先保持同学间的这份美好感情，从此发奋读书，争取考上高中，再一起考上大学。你们是不是会有更美好的未来？"

我们还可以用反差法来进行教育，这个方法家长也一样可以用。但是要注意，用这个方法，前提条件是要建立好关系，先要取得学生的信任才会有效。我们可以找个适当的时机，告诉学生接受一个人，不但要接受其优点，更要接受其缺点，这样才是真正的感情。现在优点已经很明确了，是时候开始寻找一些缺点了。一般来说，当他们拨开了对方优点的迷雾，看到对方那些缺点之后，光环效应也就会随之消失。而一旦冷静下来，不用你说，他们也知道该怎么办了。

当然了，"早恋"问题的处理不可能一蹴而就，但只要我们不离不弃，让学生感受到我们的关心，必定能精诚所至、金石为开。

（发表于《福建教育》2016年第5期）

将"理性"翻到正面来

仇老师是个责任感很强的班主任,对其他老师不敢碰的学生,她仍旧尽心尽力去帮助。但现在,班上两位问题学生的帮教工作很不顺利,使她内心充满了挫败感。

我们仔细看看这两个孩子。陈同学的主要问题是以自我为中心,随心所欲做事,毫不顾及他人感受,而陆同学则是喜欢跟风。可想而知,这两个孩子凑在一起是多么令人头疼的事情。但我们要知道,冰冻三尺非一日之寒,这两个孩子的问题也不是一夜之间形成的,我们更不能指望短期内他们就会有质的改变,一切都只能慢慢来。

记得以前有位同行专门针对这类学生发明了一道"六味养心汤"。不妨在这里和老师们做个分享。这道汤药里共六味良药,分别是:"班规约束""家长配合""班会引导""集体教育""表扬激励""挫折刺激"。还有个特别说明,六味良药不能混合同步熬制,需要按照次序,根据时机添加,而且熬制的火候和时长也有讲究。

开学之初我们可以先用第一味药:"班规约束"。每学期开学第一堂班会课上可以组织全班修订相关班规,通过后全班签字,然后张贴在班级里。这对于大部分学生的行为都能起到一个约束作用。针对陈同学的情况,我们要强调尊敬师长、对人对事要有感恩之心。针对陆同学就要强调要是非分明,有正义感,不能盲目跟风。之后再有同学触犯,就要背班规,写反思。

当然,这个做法肯定治标不治本。因此,我们要加上第二味药:"家长配合"。我们可以利用家长会,向家长们宣传本班班规,并请他们一起监督孩子执行。对于像陈同学、陆同学这样比较特殊的孩子的家长,我们就要"备好课"之后特别约见,了解其背景、成因,和家长一起商量对策、方法。如果家长表示坏习惯已养成,现在不好扭转了。我们就要鼓励家长不能放弃,要齐心协力做好长期斗争的思想准备,共同帮助孩子。一有问题,不管是在家发生的,还是在校发生的,都要不怕麻烦一起处理。

我们都知道,现在的孩子很多都不怕老师,不怕家长,但是他在同学面前要面子。所以,我们还有第三味药:"班会引导"。我们每学期都要找一个合适的契机开一个文明为主题的班会,并让同学毛遂自荐来设计班会方案。通过召开这样的主题班会,让这些有行为问题的学生感悟到自己在班集体中不快乐的原因,明白自己给同学和班级带来的不良影响。而主题班会当中也必定会有一个环节为这样的同学指明出路,提供方法。在这个过程中,就可以加入第四味药:"集体教育"。苏联教育家马卡连柯说:"教育了集体,团结了集体,加强了集体,以后集体自身就能成为很大的教育力量。"因此,我们可以通过营造科学民主的班级氛围,树立积极向上的班级风气,建立互相帮助的同学关系来影响这些同学,培养起他们的集体荣誉感。

在整个过程中还有两味良药或早加或晚加,班主任要视情况灵活而定。这两味良药便是"表扬激励"和"挫折刺激"。在案例中,我们看到仇老师对两位同学是"抓住一切时机来表扬"。我想,"表扬激励"这味药仇老师使用起来一定得心应手。那么,我们就来说说这最后一味"挫折刺激"。当这些学生因为自己的不良行为受到老师和同学冷遇时,我们可以借安慰的机会好好剖析一下他的"咎由自取"。另一方面,当他因为自己的行为给班级带来麻烦的时候,班主任就要按照规章制度严肃批评处理。当然,"挫折刺激"这味良药一定要把握好添加的时机和熬制的火候,否则可能会事与愿违。

初中生正处于心理成熟前一个动荡不稳的时期,因此,在他们身上常常会出现"一曝十寒"的现象,这就要求我们老师放平心态,找准时机帮助他们在不断的摇摆中走出一条属于他们自己的正确之路。

(收录于《教室里发生了什么》)

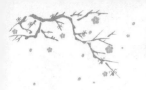

嘿，只要迈出"一小步"就好

其实，在现实的教学生活中，几乎每个一线老师都会遇到这样的孩子：经常不交作业，考试成绩很不理想，常与同学发生矛盾……屡教不改，有的孩子甚至还会逃学或跟老师唱对台戏。老师们会为学生问题行为的反复而深深地苦恼着。而我很想说的是，这就是我们教育的常态啊。教育的每一天，就是在这样的反复抓，抓反复中度过的呀。

有老师感慨别人也有这样的学生，后来都给转化了，现在都好得不得了。我却想说，你说别人"有魔力"，我却更愿意相信，在教育学生的过程中，她一定是耐心、反复地做着跟你相同的事情，只是你没看到罢了。

不知道大家有没有看过一本叫作《小步走路》的绘本。它讲的是一只小鸭子要和他的哥哥们一起走很远的路去找妈妈。途中，每次小鸭子遇到困难，想打退堂鼓时，他的哥哥们既没有惯着他——背着或驮着他走，也没有不搭理他，而是正面地启发、引导他，教给他"一小步"的方法来前进，使得小鸭子很感兴趣地继续走下去。而到最后，哥哥们还故意示弱，让小鸭子不但追上他俩，甚至超越了他俩，最终第一个见到妈妈。这个故事虽然简单，但能给我们带来很多启示和感悟。

仔细想想，这些所谓的"硬骨头"，不过是在学习适应和人际关系处理上遇到了困难的孩子罢了。只要我们能坚持不厌其烦地耐心引导，并且用我们的爱心和支持让他们相信，只要他们肯一小步、一小步地往前走，有了老师的帮助，再加上自身的努力，就一定能克服一个又一个的困难，攻克难关，最终获得成功。试想，哪一个巨大的成就不是由点点滴滴细微的努力积攒而成的呢？回想当年，阿波罗11号成功登月后，阿姆斯特朗的那句"个人一小步，人类一大步"，是不是能让我们每个地球人都为这一小步而自豪呢？

另外，我们还应看到，这"一小步"也有另外一层含义。那就是很多时候，我们需要放慢脚步。面对孩子，切忌揠苗助长，更不能越俎代庖。放慢脚步，其实是为了让孩子踏踏实实地跟上来，是为了孩子能更好地腾飞。

所以，老师们，对于这样反复犯错的孩子，不如就让我们"一小步、一小步"地引导着,慢慢地往前走吧。

在一次新班主任的培训会上,我们工作室的于洁老师说过一段关于班主任应调整自身心态的话,令我受益匪浅。在这里,我很想跟大家分享。她说:"我们这些老班主任们和新班主任唯一的区别就是:我们现在不会仅仅盯着那些麻烦,我们会更多地发现一些美好的东西。我们学会了不贪心,我们不再奢望一个班级样样都好,我们只要看到一点点好就开心得不得了。我们学会了知足常乐,自得其乐,以苦为乐,乐在其中。"

（收录于《教室里发生了什么》）

倾听最需要耐心

在同行们的教育故事分享中,我们看到一个充满热情的新班主任不断努力但结果却不如人意的现象。这位年轻的班主任老师的做法有三个地方值得我们思索。一是她作为班主任,更多关注的是自己的学科,而忽略了对其他科目的关心和统筹。这一点,班主任老师自己在反思中也提及了。二是请家长到校发生的意外没得到很好的处理。要知道,班主任老师一时的不当处理往往就是导致学生厌学的导火索。这位班主任老师在反思中提出了好几种方式来促进自己的快速成长,值得肯定。三是在发现这个学生喜欢数学而不喜欢英语后,她"有喜也有气",但是她只表达了"气",而没有抓住"喜",错过了一个绝佳的教育时机。虽然在反思的最后一点,这位班主任老师也意识到"要注意倾听学生自己的想法,才能真正走进学生的内心世界,对症下药",却仍然没有指出到底该如何倾听。

我们都知道,听话要听音。因此,学会倾听,从学生的言语里去了解背后的信息也是走进他们内心世界的重要一环节。我们要听他们的烦恼、听他们的快乐、听他们的辩解,而且我们要耐心地去听,不能急在一时。在倾听学生时,我们还要注意不要急于做出反应,要给学生充裕的时间,让他们尽情地表达自己的心情,听他们倾诉事情发生的前因后果,并在恰当的时机指出他们的错误,让他们感受到自己被尊重,这样他们才会毫无保留地向老师敞开自己的心扉。还记得一个心理学家到一个幼儿园,问一个孩子,教室里所有的人都在一架即将失事的飞机上,如果只有一个降落伞,他会怎么做。在孩子说出"我会穿上先跳下去"后,几乎所有的人都在唏嘘,但是他要求大家安静听完孩子的话。这个孩子也确实没有说完,他接着说道:"我先下去,再找人来救你们。"这个故事非常好地展现了仔细听完孩子的话的重要性。

当然,倾听也要选准地点和时间。案例中那次起到一些作用的谈话,这位班主任老师就选在放学后的办公室,这样的时间和地点都有利于师生静下心来好好地进行谈话,她也因此了解到了很多以前不知道的信息。虽然一时找不到合适的方法去帮助,但是已经起到了良好倾听的作用。至少,这名学生不逃学了。直到最后,这位班主任老师一直在惋惜没能更好地帮助这个孩子,觉得自己有些失败,却不知真正的帮助就是在这样一次又一次耐心的谈话中产生的。如果一直坚持好好地倾听、陪伴和谈话,而不是总想着不知道该怎么办,或许改变和帮助就来了。

另外,我们常常说"亲其师,信其道",可见学生对老师的喜爱和亲近是多么的重要。而学会善加利用这份亲近,就是走进学生内心世界的法宝。既然学生喜欢你所教的学科,而你也喜欢这个学生,早早地表达不是更好吗？拖到矛盾激化,一发不可收拾时再说出来,都已经变味了。这是多么的可惜！如果在学生第一次对老师说出自己不喜欢英语,而喜欢数学时,这位班主任先表达自己对他的喜爱,发掘一些他的闪光点,加以鼓励,然后再去谈学英语的事情,是不是可以离孩子的心更近一点呢？

（收录于《教室里发生了什么》）

家校联合就是要双管齐下

在现实生活中,每个班级都会有几个不爱学习的孩子。但有时看似学习习惯问题,实则是"畏难"情绪作祟。这些孩子往往自信心不足,独立处理事情的能力差,虽有高智商,却低情商,于是导致了他们一遇到困难就想方设法逃避。虽然班主任花了很多心思,也联系了家长一起来帮助他们,但是因为始终停留在"治标不治本"的层面上,收效总是不能长久。

而父母对孩子的教育缺乏耐心恐怕也是他"畏难"情绪产生的一个重要原因。如果把一个人比作一棵树,那么家庭就是他的根。树要健康长大,就必须从根部吸收营养。因此,我认为要让这棵小树更好地成长,我们班主任除了从学校教育出发采取策略,还得帮助他的父母调整对孩子的教育态度。只有这样双管齐下,才能从根本上帮到这个孩子。

从班主任的角度,我有两点建议。常言道,讲一小时大道理,不如读一分钟小故事!更别说这还只是一个小学生。所以,我的第一个建议就是隔三岔五找个恰当的时机给这个学生讲故事。讲故事时,我们的"目的性"不要太明显,否则会让孩子感到压力,反而影响效果。我们要尽量为孩子营造一个宽松、舒适的氛围,再让孩子在跌宕起伏的情境中贴近故事、感受故事;同时我们还可以和孩子边读故事边讨论类似这样的问题:故事中的主角遇到了什么困难?你认为他能解决吗?如果他说不能,我们一定要听听原因。从而了解在遇到困难时孩子的真正想法,便于以后更具体的指导。如果孩子说能,那我们也要听听他自己的办法到底是什么,以便于了解孩子的思维方式和独特见解。我们还可以进一步问,如果你也遇到了和他一样的困难,你会怎么做?思考这个问题,也就是在训练他的独立处事能力了。当然,我们还要注意利用故事去激励他鼓起勇气去战胜困难,为以后付之行动埋下伏笔。

其次,我们可以在班上安排一些这个孩子能做的小任务,让孩子在完成任务的过程中,感受成功带来的快乐,从而培养孩子的自信心和责任感。同时,我们也要注意所选的任务要能让他"跳一跳,够得着",并且任务的难度要循序渐进,让孩子在体验成功来之不易的同时也能获得成功的快乐。

对于这个孩子的家长,我建议班主任要不厌其烦地做思想工作,务必让家长明确这是一个长期的工作,一定要有耐心,同时也要家长提高陪伴孩子的质量。在条件允许的情况下,家长多带孩子参加各种活动,要鼓励孩子抓住向外展示自己的机会。在活动中要多给孩子赞美,让孩子体验成功的喜悦,从而树立自信心。另外,要注意以后孩子在学习中因为遇到难题而想退缩时,家长千万不能再去责骂孩子,说一些"不管了"之类的狠话,而是要给予适当的安慰和抚爱,更要鼓励孩子勇敢去面对。

"头痛医头脚痛医脚"的方法,只能起到一时的作用,我们要想真正帮助到一个孩子,一定还得"医心"。

(收录于《教室里发生了什么》)

认真做小事 成就学生和自己

别忘了，孩子有一颗玻璃心

今天，我看了一起作弊事件的处理。虽说副班主任手里有物证，估计到班级里去问，也能找到人证。作弊这个事实是毋庸置疑的。但正如班主任老师后来所反思的，在整个事件的处理过程中，班主任都没有听小凡和小唐一句解释，后来又把处分贴在班级墙上，我认为这都是不可取的。

学生作弊，学校为了整顿风纪，给予处分，这是照章办事，并无不妥之处。而班主任也认为这能够让两个孩子受点教训，学学好，于是把处分当成了"法宝"。但我们从结果来看，这处分，分明是"毒药"，一剂下去，害得小凡信心全无，人际关系、成绩都跌入了冰谷，最终影响了中考的发挥。我想，这绝对不是班主任老师希望看到的。

我们回过头去看，在一开始听说小凡作弊时，班主任老师还是很冷静的，她的做法是"为了不影响他的考试情绪，我决定暂缓处理"。可是，当听说两个孩子当众商量作弊方案时，她"顿时火冒三丈"，和副班主任商量后，决定"立即严肃处理，以正风纪"。班主任的一时怒气导致了这起事件的快速处理，结果也不如人意。但他们当时当众商量作弊方案的做法，到底是无知还是无畏，我们也已经无从得知了。当然了，不管是无知，还是无畏，我认为，我们班主任在处理此类事件时，都应该坚守"法是法，情是情"的原则。学生犯了错，确实该罚就要罚，但我们也必须考虑到，现如今的孩子多数都有一颗"玻璃心"，破碎了就难以再愈合。案例中的小凡显然就是如此。我们班主任实在有必要注意，不可避免要惩罚时，罚前一定要与其好好谈一次话，听听解释，再做好其思想准备工作。正如班主任老师后来所自责的"没有告诉他如果表现好的话，处分是可以撤销的"。如果事先告知，再加一些安慰，小凡就不至于一下子一蹶不振，至少他知道班主任没有因此放弃他。并且，我们在罚后还要做好安抚激励工作。案例中把处分贴在班级墙上的做法，我是非常反对的。这种做法会让这两个孩子在班级里抬不起头来。逃不掉"一次做贼，次次是贼"的阴影，非常不利于他们的心理健康和个人形象的树立。我们可以让两个孩子勇敢地主动承认错误，接受处分，再让全班都表态，给他们机会改过自新。这样,他们在班集体中仍然能有归属感和集体荣誉感,也能帮助他们增强信心不再犯此类错误。我们完全可以善用这"法宝",不让它变成"毒药"。

另外,曾经有人把学生作弊行为和老师的相关处理比作猫鼠关系,我深以为然。

是什么原因让"小老鼠"光天化日之下敢当着"大猫"的面出来活动呢?这"小老鼠"的"熟练的技能"又是怎样养成的呢?其实,老师是不是应该想想,当学生平时默写或者测验时,自己的职责是什么?是批作业吗?是备课吗?不是,而是巡视。"大猫"活动范围大,"小老鼠"就不敢出来啦。"大猫"疏于职守,"小老鼠"锻炼的机会多,花样就更层出不穷,胆子也越来越大,还成群出动呢。到时就算"大猫"喵喵喵叫,"小老鼠"也不当回事。亲爱的"大猫",只要平时多用你锐利的眼神盯着"小老鼠",多用威严的语气提醒警告,"小老鼠"就会吓得屁滚尿流了,三魂不见了七魄,哪里还想到什么纸团呢?亲爱的"大猫",在"小老鼠"测验考试时,你就是"黑猫警长"了!

这段俏皮的描述,其实很好地点出了我们要从日常默写和平时小测验时就加强良好考风考纪的教育和处理,这样才能从学生的思想源头上杜绝作弊行为。

(收录于《教室里发生了什么》)

包容不纵容定能有办法

——关于课中学生上卫生间引发的一点思考

看完一个关于上课时学生总提出上厕所给老师带来困扰的案例，我不禁会心一笑。这个学年，我接的是初一的班级，在去年9月份刚开学时，班上也常常会出现案例中描述的情景。上课常常因学生要上卫生间而被打断，这也曾让我感到头疼。但现在，这种现象几乎绝迹了。回想这半年来孩子们的变化，我认为只有双方从思想上改变，让彼此的心靠近才会有收获。

从老师的角度来说，我们要包容但不纵容。要知道，幼儿园一节课20分钟，小学一节课40分钟，中学一节课45分钟，这都是教育部按照不同学段学生的情况科学制订的。因此，我们完全有理由相信，在整堂课的时间里，学生们是有能力集中全部精神来听讲并做练习的，除特殊情况，无需中断。而同时，我们不能把一些特例当作常态，夸大个别学生偶尔对课堂造成的影响。老师对学生要有包容之心。以我们学校为例，一天有7节课，我认为如果在这7节课中，有一两节课，个别孩子提出上卫生间的要求，完全是正常的。如果硬是要求每节课每个孩子都不能出现这个情况，未免就吹毛求疵，不近人情了。但如果发现有反复故意要在上课期间去卫生间，以至于引起群体行为，又排除疾病等特殊情况的，就需要跟学生进行谈话处理了。为了规范课堂纪律，我们当然也不能有纵容之心。

其次，为了规范学生的行为，我们老师需要反复强调设置。新生入学时，我相信每个老师，尤其是班主任一定会进行常规教育。而这些常规教育必定是从学生的着装要求到班级卫生的，包罗万象。课堂纪律只占一小部分。但同样形式的教育，对于不同结构的班级起到的效果是截然不同的。遇到调皮捣蛋学生多的班级，我们就需要反复强调纪律设置。当然，为了避免反复同一话题的教育让学生感到厌烦，我们需要使用一些技巧。例如，班上课中上卫生间的现象较为突出，我们可以把这个要求编成歌谣，在班上多宣传，让学生牢记上课要求。例如，课间休息不吵闹，上卫生间别忘掉。课间调节休息好，上课不能随便跑。教育有一个特征，就是"反复抓，抓反复"，因此有技巧地反复强调一定会起到良好的效果。

　　从学生的角度来说,自制力的培养尤为重要,但这种能力的培养必定潜移默化,不能靠灌输一蹴而就。我的经验是用班级日志和个人日记相辅助的方式来实施。先设定集体和个人目标,班级日志每天夕会检查,以点名表扬为主,批评只针对现象不点名。问题较大的学生记个人进步日记,每周班会课针对上周表现进行表扬。通过正面鼓励的形式增强学生的自制力。让他们知道他们可以按要求做到、做好,并得到老师和同学们的肯定。我们班有个叫小武的同学初一刚入学那会儿就是坐不定,每节课都要找理由到教室外面逛一圈。我和任课老师多次找他谈话也没什么效果。后来,我用了这两本日志,经常对他进行良好行为表扬,两个星期之后,他上课要求上卫生间的现象就没有了。我想,这些肯定对他的自制力增强起到了很大的作用。

　　当然,我们还要看到,要解决课中学生上卫生间的问题,合作精神培养更是关键。我们不妨利用班会课,通过让学生演情景 AB 剧的形式,先让部分合作精神差的同学作体验,再谈感想作引导。对于沟通不畅的学生,这种方法更为合适。我们班有个叫小易的学生对于老师家长的话就是左耳进,右耳出。我就在班会课上让小易演了回老师,然后分别找了两组同学来演学生,一组同学从头到尾认真听讲,配合他完成任务;另一组就懒懒散散,做任务拖拖拉拉。没想到,小易在和第二组同学配合时,急红了眼,差点吵起架来。到了谈感想的环节,他就特别能理解老师的感受了。我认为,让学生们明白老师和他们是同一个团队,相互需要合作才能取得成绩,是至关重要的。而通过各种团队游戏和活动来培养学生们的合作精神,效果都还是不错的,像"无敌风火轮""信任背摔"等。当然,要建立起老师和学生之间的信任和合作,就需要班主任和任课老师都参与到这些游戏中来。像"信任背摔"这个游戏中,一个学生克服恐惧从高处倒下,老师和同学在下面稳稳地接住他的过程就能够非常好地培养起相互之间的信任和合作。

　　上课期间学生提出上卫生间是一个常见的现象,但是会因打断上课给老师带来困扰,而其实这样小小的困扰在我们日常的教学中并不少见。我相信,只要我们老师有一颗包容而不纵容的心,一定能想出有趣又有效的办法来引导学生更好地成长。

要爱学生，先爱自己

我常常遇到一些全职妈妈为孩子规划了美好的蓝图，然后自己付出时间和精力去做铺垫，她们要求孩子按照她们的计划做这做那，而且要达到她们所定的目标，但一旦出现任何小差错，她们就会变得非常焦虑、歇斯底里、寝食难安。可想而知，有这样一个非常焦虑的母亲，孩子的压力会有多大，而一旦孩子反抗，亲子关系就会变得紧张，于是矛盾也就变得更多。这时搞不定的妈妈会特别委屈，自己明明是为了孩子好，但孩子一点也不领情。其实，很多时候对于我们师生而言，也是如此。

我看到过这样一个案例：班主任王老师一开始给自己和班上的小西同学描绘了一幅想当然的良好关系图，并且还一直给予她"格外的关注"，却不知，这个孩子根本不吃这一套，竞选班干部时故意跟班主任唱反调，经常不按照校规佩戴胸卡，还软硬不吃，一次又一次地让王老师"下不来台"，到最后，王老师还迫于其母亲的压力而为自己的"格外的关注"道歉。极度的委屈、无奈，还有愤怒，让王老师发出了"孩子，我该如何去爱你"的感言。

毫无疑问，不论是那些全职妈妈，还是案例中的王老师，都是爱孩子的。但这种想当然又充满委屈的爱法实在让我不能苟同。我想说，要爱孩子，爱学生，我们首先要学会爱自己。

我们要接纳自己。教师的职业病中有一项就是爱挑毛病，我们不光挑别人的毛病，更会挑自己的毛病，这往往就是痛苦的根源。当我们发现，事情并没像预期的那样往好的方面发展时，我们往往就会自责：为什么我不能做得更好？我一定是还有什么地方做得不到位。其实，有些事情就是超出我们能力范围的，就是我们解决不了的。但只要我们尽力做了，不管结局如何，他人怎样评价，我们都可以为自己点赞。我们需要接纳那个"无能、无力"的自己，因为，这也是我们真实的一面。而且，只有在接纳了自己的这一面之后，我们才会更有勇气直面困境，勇往直前。因此，我们要在紧张忙碌的每一天里，留出那么一点点的时间和空间，和自己好好地相处一会儿，体察自己，欣赏自己，对着镜子，给里面的自己一个甜甜的微笑，为自己输入一些正面的信念：

我爱我自己！我赞同我自己！

我们要摆正位置。在日常的教学生活中，由于跟孩子们相处的时间长，老师们又都爱着这些孩子们，常常会出现界限不清的情况。老师当着当着，就变成他们的爸爸妈妈了。于是，事情管得更多了，有时甚至一不小心触及了某些家庭的"禁区"，直到家长跳起来了，我们老师才有所察觉。其实，我们只要保留着"代理家长"的觉知，就可以避免这些矛盾的产生。世间万事都有利弊两面，因此，当家长的做法和我们这些"代理家长"有冲突时，我们绝不能武断地认为自己就一定是对的，更不要总试图去说服对方。我们需要冷静地分析不同做法的利弊，本着爱孩子的心，好好沟通，相信我们一定能和家长一起找到更好的方法来帮助孩子们。

我们要学会感恩。我们不仅要感恩给了我们生命又含辛茹苦养育了我们的父母，我们也要感恩这些与我们朝夕相伴的孩子们。生命中的一切不论当下使我们感到快乐、痛苦还是困扰的，都值得我们感恩。尤其是当我们遇到一些与我们想象不一样的孩子，或者观点与我们冲突的家长时，可能会因为双方暂时无法好好合作而苦恼，但我们更要看到，恰恰是他们能更好地帮助我们发现自身的问题。要相信，我们遇到的困难，最终都会变成成长的动力。所以，要感谢他们给了我们挑战自我、改变自我、升华自我的机会。当我们的想法改变的那一刻，解决问题的方法也就随之而来了。

我想，当我们老师真正地做到了爱自己，我们也一定会更清楚如何去爱学生了。

汲取力量，坚持前行

——答复一位新入职的迷惘同行

小李老师：

  你好！

  请允许我这样称呼你。如果你现在就在我的面前，我很想给你一个拥抱。因为我知道，这两年来你是真的不容易。新入职的老师，自己本身还在适应期，面临着学科教学的压力以及班级管理的压力，甚至还有师生、家校和同事间人际关系的压力。我很理解你的感受。你为了把事情做好，每天累得筋疲力尽，却常常连一句肯定和鼓励的话都听不到，因为做好这些事情，在别人看来，只是完成你分内的任务。这种疲累后产生的委屈，有时真的会像潮水一样涌来，让人感到窒息。也是这样过来的我非常理解你的感受。为了你两年来日复一日的坚持，我要给你这个拥抱，告诉你：小李，你真的很棒！

  要知道，每天真真实实地与属于你的那群孩子们在一起，跟实习时到别人的班级上几节课完全不是一个概念。从早上踏进校门，直至傍晚离开，这群孩子事事都依赖你。对于事必躬亲的你来说，又怎么会不累呢？而我也要告诉你，每天反复处理孩子在学习和生活中出现的状况，是我们老师最重要的一个职责。孩子们就像是一块块等待打磨的原石，而我们老师就像是巧手的工匠，耐心和爱心则是我们的工具，只有不厌其烦地细细打磨，最终他们才会变成闪闪发光的璞玉。到那时，我们的辛苦就都值了。你一定还记得，在你的再一次讲解后，那个孩子恍然大悟的可爱表情；你也一定不会忘记，在你的催促下，终于交出作业来时那个孩子如释重负的模样。这些现在令你烦恼无比的小事情，却恰恰都是孩子们成长的契机，也是你们之间将来最美好的回忆。

  小李，你知道吗？批作业，抓学生，这些看似枯燥的日常教学活动，其实就是我们教育的常态，这其中可蕴藏着巨大的力量。每个孩子都来自不同的家庭，必然有着不同的习惯。这些习惯有好有坏，而我们老师的一个重要职责就是要帮助孩子们改掉一些坏习惯。英国心理学家 Phillippa Lally 和来自伦敦大学的同事曾做过养成习惯的相关研究。他们发现,养成一个新的习惯,平均达到最大惯性需要 66 天。虽然平均是 66 天,但不同的习惯形成时间有很大差异,从 18 天到 254 天都有。由此可见,要帮助孩子们,是需要我们极大的耐心和毅力的。

  在求助信中,你提到了"职业倦怠",而我要告诉你的是,这个现象不管工龄多长的老师都会遇到。以我的经验来说,要战胜"职业倦怠",有两个方法:一是尽量避免将自己的能量耗竭,二是寻求能理解、能鼓励你继续往前走的团队,不断地"充电"。作为老师、班主任,我们常常会为班级里的日常琐事所困而弄得筋疲力尽,其实,如果我们能够把班级事务明确分工到每个学生头上,同时形成一级管一级的班级制度,我们就可以将自己从繁重的琐事管理中解放出来。今天,小李你抛出这样一个求助帖,在我看来,你已经在寻求一个支撑团队了。而我相信,在你的身边一定也有能够给你力量的同事。大家在一起时,少抱怨,多相互肯定、鼓励,有困难了一起想办法。你可以让自己开始这样做,等你与周围人的相处模式都变成正能量式的,等这些力量都积聚起来时,你的"职业倦怠"就会不治而愈了。

  希望我的这番啰唆能对你有些帮助,祝你过个轻松又有收获的暑假!

你的同行 方莼
2016 年 7 月 2 日

爱得理智，罚得明白，管得巧妙

作为一个以教师为职业的母亲，我常常觉得家里这两个孩子比学校里那一百个孩子还要难搞定，因此，对于家庭教育的成功者，我总是特别佩服。而"狼爸"萧百佑作为这方面的"红人"自然令我耳熟能详。除了"一门三北大"这块"招牌"外，这个家庭里，尤其是这位父亲，最令我赞赏的有三点。那就是：爱得理智，罚得明白，管得巧妙。

我们先来看这"爱得理智"。有一种观点认为，一个幸福的家庭，首要条件就是爸爸爱妈妈，这样，妈妈才会更有力量去爱孩子。对此，我非常认同。而"狼爸"确确实实在用实际行动表达着对妻子的爱。妻子怀孕期间全程自己照顾，从不借他人之手，日常生活中都是他做饭，一到节假日就带妻儿外出游玩。试问，有几个丈夫能坚持这样做？我们身边有太多的丈夫以赚钱养家为名，将家务、孩子的教育、老人的照顾一股脑儿全部推给妻子。更有甚者，自己对家里的事情不管不顾，也从不关心妻子的情绪和想法，却对妻子有着诸多要求。在这样的丈夫那里，妻子还能感受到爱吗？还有力量去教孩子如何去爱吗？在这方面，我有深刻的体会。生完第二个孩子后，我有轻度的产后抑郁，只要一累，就会特别烦躁，甚至有时会控制不住自己，莫名其妙地哭。但是，每次很烦躁的时候，只要丈夫关切地问一句"怎么了？是不是晚上没睡好太累了？"我的情绪立刻就会好很多。后来，也正是丈夫适时的关心和体谅，帮助我慢慢从产后抑郁中走了出来。我一直觉得，对于一个家庭而言，丈夫、父亲绝不是赚钱的工具，而应该是全家人情感的依靠。在萧家，正因为"狼爸"总是能让妻子感受到爱，因此，在狼爸成了"鞭打专家"时，他的妻子才能成为"损伤专家"，默默支持他的同时还能给孩子们足够的爱，给他们正能量成长。而不是抱着孩子一起痛哭，怨恨地谩骂自己的丈夫。我认为，如果一个男人眼里只有赚钱，而没有了家庭生活，却还在口口声声说自己爱这个家，爱自己的家人。那么，这种爱一定是不理智的。因此，我要为"狼爸"爱得理智点赞。

其次，我非常赞赏"狼爸""罚得明白"的做法。要知道，我们这些做父母的,最常犯的错误就是以为孩子知道自己错在哪里。于是,常常会见到这样一幕:孩子一犯错,父母大发雷霆,甚至把孩子一顿揍,孩子当时哭得地动山摇,过后却丝毫没改。于是,又接着重复以上一幕。这些父母却没有想一想,到底是孩子没记住教训,还是压根儿就不知道自己错哪了?据我观察,低龄和反思能力不强的孩子遇到急性子的家长时,更容易出现这种"白挨揍"的现象。而"狼爸"在惩罚孩子时,是明确告诉孩子犯了什么错,具体要怎么罚,甚至建立了一套孩子的自我监督惩罚制度。我认为这样做很好。既能让孩子认识到自己的错误,又不至于因为不知道将面临什么样的惩罚而恐惧无比,最后导致撒谎抵赖。在我看来,这看似暴力的做法后面,却深藏着教育的真谛。这不但能培养孩子的责任心,还能养成他们诚实、勇于改正错误的优良品质。

最后,来说说这"管得巧妙"。管孩子绝对是体力活,但更是技术活。"狼爸"在这方面很有自己的一套。从宏观方面来讲,他既关注学习环境对孩子的影响,也关注社交环境对孩子的影响。通过换房子、选学校、挑朋友等各个环节的严格把控,以最优的方案培养自己的孩子。而这倾注了他心血的方方面面则对孩子产生了潜移默化的影响,减少了孩子学坏、走弯路的机会,也就等于增加了孩子成才的机会。从具体细节上来讲:"狼爸"是个极有"招"的人。面对孩子的"早恋"问题,他那"我不入地狱,谁入地狱"自毁形象的做法,绝对不是一般的家长能想得出来的。而这种做法正抓住了青少年"好面子"的心理特征,效果就可想而知了。而面对托管的孩子,他所使用的"偷换概念"一招,正如他自己所说的"一点即中"。他这种根据不同年龄阶段孩子的心理特征使用不同管理方法的做法,在我看来,非常巧妙,并且事实也证明是非常奏效的。

从"狼爸"的这三个特点我们不难看出,他之所以能够创下所谓的奇迹,归根结底是因为他不但真正地重视家庭,重视每个家庭成员,而且科学地顺应一个人在不同阶段的心理发展需求。

积极

水 篇

教育是水

水,这个字的写法是由四周向中心聚拢,犹如入冬前万物的准备,正所谓秋收冬藏。这是一个能量集中收集的过程。正如我们教育需要各方力量的协助,不仅是教师自身的努力,还需要同事间的协助和家长的支持,这样才能将力量最大化地发挥。

教育是水

家和才能万事兴

开学第二周的周五傍晚,我正准备回家,却见同办公室的小王老师愁眉不展地坐着,似乎很烦恼。于是,临走时,我跟她打了个招呼,提醒她该下班了。她应了一声,没动,却在我经过她的办公桌时喊住了我:"方老师,能耽误你一点时间吗?有件事情,我真不知道该怎么办。你能给我点建议吗?"见她满脸的苦恼,我实在不忍拒绝,就拉过一个椅子,坐到她的身边,对她笑了笑,说道:"没关系,我有时间的。你遇到什么为难事儿了?跟我说说吧。"

只见她长叹了一口气,接着就无奈又委屈地向我描述了他们班的语文老师和数学老师一开学就因为拖课的事情弄得很不开心。说起来,任教小王老师班级的这位数学老师四十出头,有经验又很负责任,但因为他总想多讲一些内容,就总拖课。这不,才开学第二周,就已经拖到下面一节课上课铃响才下课,弄得学生连上厕所的时间都没有。而偏偏一周有4天语文课都排在他的数学课之后,而任教这个班语文的老师同样也是一位老教师,对于课堂上的每一分钟也是珍惜得不得了。于是,两周下来,两个人的矛盾就不可协调地发生了。这天早上,两个人甚至发生了激烈的争执。原因是数学老师又拖课讲题目时,语文老师就跑去站在门口提醒他该下课了,但见他还是不停,就进了教室,把自己的书和学生的作业本直接放在了讲台上。数学老师顿时火冒三丈,两个人就此争执了起来。后来,闹到学生来喊班主任去劝解。当时,小王老师是既尴尬又手足无措。两个都是自己班的任课老师,她实在不想得罪任何一个,于是她只能赔着笑脸两边劝。

我很理解小王老师的心情,按理说,数学老师拖课是不对,但是语文老师一怒之下硬生生打断了他讲题的做法确实也欠妥。再加上班主任年纪轻,觉得自己人微言轻,对此简直就是无从下手。

我和小王老师就这个话题一直谈到了天黑,最后我们达成共识,要与任课老师们更好地相处,我们可以从三个方面入手,多加注意。

首先,在思想上,我们要求同存异,多加包容。每位老师,尤其是老教师在长期的教学生活中,必定会形成自己独特的教学理念和方法,但有一点一定是不变的,那就是按计划、大纲完成教学任务,使学生获得这堂课的知识。而我也相信,老师们在授课的过程中也一定是在不断地调整、顺应学生目前的情况,因此常常会出现一些计划外的状况。既然大家的目的是相同的,那么相互理解也就显得不困难了。像小王班的数学老师无非就是想多讲几道题,从而更好地让学生掌握这堂课的内容。我们完全可以在理解这位老师的基础上,再与之探讨拖课的问题。作为班主任,我们先要肯定他的良苦用心,再提出一堂课下来,老师很辛苦,孩子们也需要时间来准备下一节课。如果他需要更多时间来处理余留的问题,我们作为班主任可以帮忙协调,比如,自习课给一点时间,等等。对于他的一些独特的做法,我们可以先保留看法,再抽空通过聊天的方法来谈谈,大家相互多些包容,以寻找到大家都能接受的折中点。我们班主任是任课老师之间的一条纽带,需要通过求同存异来将大家维系在一起。

其次,在相处时,我们要多了解对方,多换位思考。班主任这条纽带如何更好地将任课老师们维系在一起,与我们对他们的了解有极大的关系。以语、数、外三门功课每天的订正为例,这些老师常常需要找同样的学生。这就需要我们班主任从中协调,以减少矛盾。我以自己班级为例,数学老师的家庭是双职工,家里没有老人帮忙,而且她不担任班主任,她就更希望早一点处理完学生的订正,因为她下班后还要接孩子,买菜,做晚饭。而我(英语老师)和语文老师家里有老人帮忙,相对来说家庭负担轻一些,并且都担任班主任,就不那么急着离开学校。那么,我跟语文老师事先说明情况后,安排那些动作慢的学生先订正数学,再订正语文和英语。这样的话,大家就不会出现"争抢"同一个学生的矛盾了。而对于学生不好的习惯和遇到的困难,我们也要花时间去了解,再想办法解决。比如说学生出现磨蹭的现象,我们就需要弄清楚他是情绪烦躁不想做,还是真的没学会做不出来,然后再进行不同的处理。在相互了解,与对方换位思考之后,老师之间、师生之间一定能形成一股合力,到那时,所有的困难都将迎刃而解。

最后,在策略上,我们要合理统筹,团结一心。很多时候,矛盾的产生是因为学生时间有限,无法在单位时间内完成老师布置的所有任务。以文科的默写为例,如果有一天语文要默写古文课文,英语要默写刚教的复杂句型,历史要默写大量的年代对应事件,我想,在接到任务的那一刻学生就已经崩溃了,这记忆的效果、订正的困难程度和老师们的头疼指数就更加不言而喻了。但如果我们班主任老师事先统筹安排,就不会出现令人无法直视的局面。在我的班级里,如果任课老师在课后没有立即布置当天的回家作业,课代表会在中午或最后一节课前去找任课老师询问,然后,他们会相互碰头汇总,如果所有人都觉得当天的作业量加起来太大了,就会来向我反映,由我再找任课老师商量协调作调整。一些不是很紧急的任务,就可以通过这次协商放到第二天去,同时我会告诉相关老师,孩子们有了思想准备,第二天一定能完成得更好,而在孩子们面前,我则会告诉他们这位任课老师是非常体谅他们的,请孩子第二天一定要好好地完成这个被推迟的任务。有了统筹安排和相互理解体谅,大家心里就都有底,有掌控感就有安全感和归属感,老师之间和师生之间都会变得越来越团结。

  除此之外,我也相信,工作之余同事间的共娱共乐,闲暇时生活话题的共同探讨都能促进搭班老师之间伙伴关系的建立和维系,我们班主任作为一个"媒介"、一个"当家人",适时、适度地发挥自己的作用就一定能使得整个团队快乐而团结地共处。正所谓:"家"和才能万事兴。

苦藤上也能结甜果

2014年9月末的一个早晨,我刚踏进办公室,值日班长就慌里慌张地跑过来,大声喊着:"老师,快去看看吧!教室的门破了个大窟窿!"我一听,赶紧跑到教室。我一看,果然教室前门的下半部分赫然出现了一个凹进去的大洞。

我马上走进教室,指着前门,强压着怒气问:"谁来告诉我,这是怎么回事?"话音刚落,几个男生就纷纷站起来指着小寅说:"就是他!""是小寅踢的!"我立即走到小寅课桌边,问他:"是你踢的吗?"令我没想到的是,他竟然气愤地把书包一扔,放声大哭起来,嘴里含糊不清地说着:"你们全都欺负我!"见他一副饱受委屈的样子,我顿时有些摸不着头脑。

我利用早读课找来与此事相关的几个同学,了解事情的始末。原来,自开学以来,小寅就经常在课间惹事,引起了同学们的"公愤"。这天早上,来得比较早的几个男生就决定联合起来作弄他。他们趁小寅去上厕所时,把他的书包扔到走廊里,并锁上了教室的门和窗。小寅回来看到自己的书包在走廊里,又进不去教室,就拼命敲门,但换来的是大家的一番调侃和讥笑。小寅一怒之下就踢坏了教室的门。听完同学们的讲述,我不禁叹了口气。发生了这样破坏性的事件,自然是免不了要找家长来谈赔偿的事情,但想到小寅委屈的样子,我决定先找他谈一谈。

午饭后,我把小寅喊到教室旁边的访谈室里。我先指出近期同学和任课老师向我反映的他在课间惹事以及上课插嘴的问题,我告诉他,他这样做会给别人造成困扰。但是他的回答很是令我意外。小寅说:"他们这样认为,这跟我有什么关系?"于是我耐心地和他摆事实讲道理,经过一番周折,他的眼神看上去不那么愤愤不平了。但是当我谈到上午的事情时,他的情绪又爆发了:"反正别人都是对,就我是错的。"这令我感到这个孩子很偏执。眼看着下午上课时间就快到了,我只好拍拍他的肩膀,让他回教室去了。他走了之后,我久久不能平静,满脑子都是他反反复复说的那几句话:"你们全都欺负我!""反正别人都是对,就我是错的。"

我打电话给小寅母亲,约她来校协商处理这件事情。没想到,不一会儿,小寅的父亲却怒气冲冲地赶来了。我们一见面,他就很不客气地说:"你们老师就知道东西坏了让我们赔钱!我们家孩子一定又是受了委屈。"我一看情形不对,赶紧请他坐下,给他倒了杯水。他坐下后继续十分激动地说:"小学时也这样,总是一群孩子欺负我们家一个。有一次他甚至从楼梯上滚下来,把腿都摔断了。你说,这次是不是又这样?"我倒了杯水递给他:"小寅爸爸,先喝口水,我们慢慢说。您放心,这次小寅没有受伤。"听到孩子没受伤,他稍微平静了一些。我说了事情的前因后果,他哼了一声,道:"这小子就是没血性,被人这样欺负就只是踢破个门,该揍得那几个爬不起来才对!"我十分诧异:"小寅爸爸,我不同意你这种说法。打人就能解决问题吗?"他忽然站起来,冷笑一声,道:"这门要赔多少钱?你说!我给!你给我把那几个欺负我儿子的学生找出来,我要认一认!"我看着他,严肃地说:"小寅爸爸,我们现在需要的是好好谈一谈,把问题给解决了,而不是冤冤相报。您说呢?""老师,不瞒你说,我从小就是打架打大的。从来没人敢欺负我!不怕告诉你,我年轻的时候就因为打架,坐过十年牢。"当这位父亲毫不避讳地将这些说出来的时候,我霎时觉得他很可悲,他的处世观念是有偏差的,他爱孩子的方式也不甚科学。我真诚地说:"所以,您一定更明白冲动行事,靠武力解决问题可能会带来的不良后果。我们都是为了小寅好,对不对?"他愣了一下,苦笑着又坐了下来。"我知道,您很爱自己的儿子,也想保护他。所以,您才会急着赶来学校。"他看着我,点了点头。小寅爸爸冷静下来之后,我们的谈话就顺利了很多。我了解到,小寅父亲由于是刑满释放人员,没找到正式的工作,就和小寅母亲在自家车库开了一个小面馆维持生计。他们每天都很辛苦,没有时间和精力照顾小寅,夫妻俩总觉得亏欠了孩子,也总怕孩子被人瞧不起,受同学欺负。父母带着这样的心态教育孩子,慢慢地,孩子身上就出现了很多例如敏感、冲动、思想偏执等特点,带来了一系列问题。

之后,我花了两天的时间,多次与各方沟通。最终,小寅父亲主动承担起了修门的工作,而几个作弄小寅的同学也主动向他道了歉。但我的心里很清楚,如果小寅的父母不改变他们的教育方式,小寅的问题就没有真正解决。但是要改变一个家庭的教育模式又谈何容易?再三思考,我决定从改变孩子开始,进而影响家长。

于是,我组织了一场名为"我想和你交朋友"的班会。班会课上,我让学生先说一说自己愿意和什么样的人做朋友,然后分别罗列出 8 种最受欢迎和最不受欢迎的性格特点,学生的情绪十分高涨,讨论得热火朝天。结论出来之后,我宣布,以后每周的班会课,我们都要评选出每个组最受欢迎的同学,

并向家长发表扬短信,如果谁能连续四周当选,我就向他发"最受欢迎学生"的奖状。学生一听可起劲了,只有小寅,似乎有些情绪低落。

课后,我小寅他谈起这件事,他表示自己从小就不讨人喜欢,没有信心。我问他,在这节班会课上,有没有找到受欢迎的诀窍?他说,他已经记住了8种受欢迎的性格特点,可就是担心自己做不到。我鼓励他,只要肯努力、能坚持,这个世界上就没有做不到的事情,他表示愿意试试。在这之后,我经常在班会课上设计一些有趣的协作活动,创设合作、分享的环境,帮助小寅在活动中体验到合作的重要和分享的快乐。平日里,我也常常为小寅提供帮助同学、为班级做贡献的机会。慢慢地,同学们和小寅的关系发生了微妙的变化。

终于,在期末考试前的那一周,小寅被他所在小组选为本周最受欢迎的同学。我立马给小寅的家长发了表扬短信。短信发出不到两分钟,小寅的母亲就打来了电话。她说,自从上次踢门事件后,她一直担心孩子跟同学处不好。没想到,孩子在接下来的日子里却越来越开心,还常常和他们谈起学校里的趣事。今天收到老师发来的表扬短信,她既高兴又忐忑,真有些不敢相信。趁着这次机会,我提出到小寅家家访,小寅母亲欣然答应了。

在接下来的日子里,我总是在小寅取得一些进步时到小寅家家访,有时家长忙不开,我就到他们家的小面馆里坐一坐、聊一聊。渐渐地,小寅父母亲体会到了我对小寅真切的关怀,开始比较能接受我的建议,他们慢慢地将对孩子的教育方式由母鸡式的保护向开放式的信任转变。小寅升入初二后,不但与同学的关系有了极大的改善,还当上了数学课代表,整体成绩突飞猛进,整个人也变得自信了。毕业时,小寅不但中考总分优异,还得到了物理竞赛省级一等奖的加分,顺利考入了本市的重点高中。

我永远无法忘记,在小寅领取高中录取通知书的那天,他的父母特地放下店里的生意,来到学校向我表示感谢,小寅父亲当时说的那句话至今仍然萦绕在我耳边——"我们家这根苦藤上今天能结出这个甜果,真的要感谢您!"

[发表于《福建教育》(德育)2015年第1、2期]

到底谁才是妈

初一下半学期,开学第二周的周一,小寒不但迟到,还丢了书包。耷拉着脑袋站在我办公桌前。说是周末住在乡下奶奶家,今天早上他四点就起来了,要转三辆公交车,犯困,坐过了站,坐回头时,就把书包落在公交车上了。小寒是单亲家庭,爸爸常年在外地出差,我只能一边联系他妈妈,想办法,一边联系了公交公司帮忙寻找。

通过多方努力,到中午时,小寒妈妈终于拿到书包送了过来。她劈头盖脸对小寒一顿责骂不算,还气急败坏地告诉孩子以后不要给她找麻烦。我皱了皱眉头,我让小寒先拿了书包回教室去,然后问小寒妈妈有没有时间谈一谈。她耸了耸肩,很无所谓地说:"反正也耽误了这半天工夫了。"

她的语气让我非常不舒服,但我还是给她搬了个凳子,倒了杯水。她有些不耐烦地说:"孩子学习上有什么问题,你就直说吧。"

"小寒妈妈,我觉得目前小寒最大的问题不是在学习上,而是生活上。"我尽量用平静的语气说道。

"生活上会有什么问题?我给了他足够的钱,他还要什么?"

"那你知道孩子早上经常来不及吃早饭就来上学吗?"我问道。

"他自己不买来吃,我有什么办法?再说,他可以在你们学校小卖部买啊。"她用奇怪的眼神看着我。

"不好意思,我们学校没有小卖部。上学期,你的孩子几次因为低血糖头晕,我发现他是因为没吃早饭引起的。我常让我的孩子分一半牛奶和面包给他吃。我觉得这实在不是长久之计。你能给他准备一些面包、蛋糕之类可以带在车上吃的早餐吗?"我尝试着问。

"我给他钱了,他可以自己买的。"她再次向我强调。

"小寒妈妈,孩子毕竟是孩子,你能给他准备好的话,他第二天就不用着急了,对不对?另外,听孩子说他的晚饭也是在小饭店随便解决的。孩子现在正是长身体的时候,这样营养和食品安全都不能保证。你能不能给他在家里做呢?"我感觉耐心正在一点一滴流失。

"他不爱吃我做的菜。再说了,我不可能为了给孩子做一顿饭而放弃客户的应酬啊。你要知道,我有自己的事业。"她提高声调。

"事业再重要,有孩子重要吗?小寒早餐、晚餐没着落,一件羽绒服穿一个冬天,每个周五都像逃命一样回爷爷、奶奶家里去。据我所知,跟你住在一起的这四个晚上,你们所说的话加起来不超过十句。这孩子过得是什么生活?"我气得站了起来。

"我觉得这孩子就是爷爷、奶奶惯得太娇气,锻炼一下不是很好吗?"她不甘示弱。

"你这样做,不是锻炼,是在折磨孩子!有你这么当妈的吗?"我气急了,口不择言起来。

"你搞搞清楚,到底谁才是妈?我的孩子,我要怎么养,你管得着吗?"她的眼睛几乎要喷出火来,指着我的鼻子大声叫嚷着:"我告诉你,你只是个老师!教好你的书就行了!不要来管我的家事,更加不要在孩子面前乱说话!"说完,她转身就往门外走去,而我气得浑身发抖。

现在想来,我的受伤恰恰都是我自己造成的。我常常爱跟孩子们说,我是他们在学校里的妈妈,出自真心。我一腔热情地想帮助小寒,甚至想帮他改善这个残缺的家庭,但我忘记了,她当然希望孩子也能像自己一样独当一面,自己搞定一切。我发现这位母亲的"缺席"后,就不知不觉地在某些地方替补了这个位子,内心深处又希望真正的妈妈能够回来。我不断地向小寒妈妈提着要求,她被我逼急了才大声叫嚷。

小寒妈妈是深爱着自己孩子的。她那样地在事业上打拼,一方面是自己有成就感,另一方面一定也是为了能让孩子生活得更好。只是她用了自己独特的方式,而我并不理解她。看似缺位的母爱,实则是表达不畅。如果当时,我能及时肯定小寒妈妈锻炼孩子的想法,透过她的固执和霸道多看到一些她的无奈和苦恼,给她一些理解和支持,跟她站在一起想办法解决这些问题,也许就不会这样不欢而散了。

(发表于《班主任之友》2016年11月)

家庭是一台复印机

"方老师,有件事我想跟你说说。"一天午饭后,走进办公室还没等坐下,我们班的物理老师就喊住了我。

"怎么了?"我满心疑惑地走过去。只听她气愤无比地说道:"工作十几年了,就没见过这样的家长。"

"别上火,慢慢说。"我微笑着回应她。

"你有没有发现昨天班级开家长会时,你们班有个家长很早就来了,但是很迟进班级?"我一听就明白了,"噢,你说的是小华的妈妈吧。我发现了,但以为她是在跟你们几个任课老师了解孩子在校表现的,就没太在意。"

没想到,我刚说出小华的名字,我们班的数学老师就感慨了起来。"方老师,你可不知道。昨天那个小华的妈妈可是来兴师问罪的啊!说孩子在小学时学习很好的,怎么上了中学就一落千丈?""还说,他的语文一向很好的,质问我是不是教的有问题。我那个无语啊!"语文老师也加入了投诉的行列……你一句我一句任课老师们向我描述了一个蛮不讲理,认为自己的孩子聪明无比,将孩子成绩下降全部归罪于学校和老师的妈妈的形象。

我忙不迭地安慰起他们,另一方面想着要赶紧把他们从受害者心态里拉出来。"这个妈妈好像习惯这样说话,曾经有一次,她一边打电话给我,还一边责骂同事呢。那个话说的是一点情面也不给的。"

"你这样说我倒想起来,昨天她在跟我说话的时候,孩子的爸爸来了个电话,她也是这个态度。"

"这个家长跟别人交流的方式真是有点问题。这样看来,她不是针对我们,估计对其他人也都这样。"

"怪不得小华说话也不注意别人的感受。常常跟同学、老师斗气。""这样想想,小华的这些行为倒可以理解了。"……老师们的心情渐渐平复下来。既然这是个人交流方式的问题,不是针对我们这几个老师的,大家的感慨也就从自己的不良情绪感受转移到别的方面去了。在我的话题引导下,我们开始讨论怎么帮助这个孩子。

这个孩子,是我中途接手这个班时最先有印象的。报到那天,直到9点多他也没来,我便打电话向他家长问原因。没想到,他的妈妈说孩子在暑假里都是晚睡晚起,今天就是报个到,领个书,反正也不上课,问能不能把书就放在他课桌上,明天直接来上课?我先向她了解他们家离学校的距离,她说开车大概10分钟不到。我再向她解释,上午的报道到11点才结束,时间上还来得及,我还是希望他能返校,而且这次返校也是为孩子更好地开始新学期的学习生活做一个准备,希望家长能理智地培养孩子良好的习惯。最后,在10点半,他终于由妈妈陪伴着出现在了班级门口,而且,进了教室就开始大声喧哗。直到我走近他,他才发现换了新的班主任,用琢磨的眼神看着我。我向他点点头,说道:"你安静下来了,很好。因为你迟到了,所以,我把刚才几个重要事项再说一遍。希望你能记住。"但我发现,他明显听得心不在焉,满脸的不耐烦。

11点钟,放学,我回到办公室,见他的妈妈在等我。一见到我,她就着急地解释,把孩子迟到的责任全部揽在自己身上,希望我不要对孩子有不好的印象。我直观地感受到这个妈妈十分溺爱自己的孩子,再看孩子刚才在班级的表现和前几天我从前任班主任那里了解到的信息,我清楚地知道这是个问题孩子。于是,我笑了笑,说:"小华妈妈,俗话说,迟到总比不到好,所以,这个事情你就不要再纠结了。我也看到了你的爱子之心。不过,我不知道你会不会觉得这样管一个孩子很累?"她的身体明显地僵了一下:"老师,你真理解我!我是真的累!"接下来,是不出所料的一通诉苦。等她倾诉的差不多,我告诉她管孩子要用科学的方法,既有利于孩子的成长,又可以让自己轻松一些。没想到,她向我摆摆手说:"老师,我知道你说的那些。不管用的。对我们家孩子不管用的。"又一通唠叨之后,墙上的时钟指针已经到了12点。我看多谈无益,就说:"今天还是要谢谢你把孩子送来了。希望我们今后能多联系,共同帮助孩子成长!"她点头答应着,一边往外走时,一边还喋喋不休地唠叨着。

由于家长的纵容和不配合,小华毫无意外地成了我们班最令人头疼的孩子。他骄纵无理,为人处事总是以自己为中心的态度常常给他和我带来麻烦。因为任性霸道,他几乎每天都会和任课老师或者同学发生口角。

我后来反思:我们在平常的工作中,不难发现,一个问题孩子的背后,必定有一个问题家庭。如果说父母是原稿,家庭是台复印机,那么,孩子就是他们的复印件。父母的素质是子女素质的底色。父母有什么样的素质,就会给子女染上什么样的素质底色,其中,母亲的素质对子女素质的形成影响最大,在某种程度上讲,具有决定性的作用。因此,有时尽管我们在孩子身上已经用尽心力,效果却微乎其微,令人头痛万分。而且,如果我们老师只是一味地对孩子做要求,给以强大的压力,很有可能形成他们老师面前做一套、背后又是另一套的表里不一的性格。这同样也不利于他们的健康成长、成人。但如果我们换个角度,先通过观察了解这个家庭,这对父母在面对孩子时,究竟有哪些不科学、不合理之处,再制定针对性的策略进行工作,效果往往会好很多。而这里还有一个非常重要的环节不可忽略,那就是我们一定要知道,这些问题不是在几天内形成的,而是十几年来日积月累形成的。我们一定要耐心地与他们建立好关系。千万不能忘记只有亲其师,才能信其道。

在这个案例中,小华的妈妈说话时毫不顾忌他人的感受,而小华的行为就是她的翻版。再加上由于补偿心理,小华的妈妈对他十分溺爱,对他提出的要求基本上是百依百顺,使他养成了任性、唯我独尊的性格。他这种以自我为中心的心理更加阻碍了他与周围人的正常交往。在家庭中形成的这种以自我为中心的个性使他们在人际交往中也是以自我为中心,希望别人服从自己,而且以自己的眼光去评判周围的事物,不能客观评价别人和自己,以自己的需要和兴趣为中心,只关心自己的利益得失,只以自己的经验去认识和解决问题,固执己见,不容易改变自己的态度,盲目地坚持自己的意见。这使得他无法正确地认识自己,无法融入集体生活中去。

针对小华及其家庭的这一特点,我通过家校两个区间共同配合、同时工作来实施帮助。家庭中,通过科学指导改变互动模式、交流习惯,克制溺爱心理。学校里,遇事冷处理,创造机会多让其参加集体活动,通过日常小事培养其多为他人着想,教给他与人交往的技巧。帮助其认清自己身上的不足及其危害性,树立改变自我的信心和决心,学会宽容、克制、懂得照顾别人的利益和需求。慢慢地使其走出自我中心的误区,走向更完善的人生。

(收录于《教室里发生了什么》)

用好"双刃剑"

小凡是我们班的调皮大王，经常惹祸，什么课间打闹、同学吵架、破坏公物，哪样都少不了他。升入初一还不到一个月，他就已经在我们班"赫赫有名"了。

这天也不例外。放学后，我刚回到办公室，一个学生就急匆匆地跑来报告："方老师，不好了，不好了！我们教室门外走廊里的安全出口灯被小凡弄坏了。"我一听，赶紧跟去看。到了现场，只见墙角处那个长方形安全出口灯的绿色玻璃碎了一地，小凡正站在一边被同学埋怨着。我向在场同学了解到的情况是：小凡倒完垃圾回教室时起了玩心，突然扑向一个趴在窗口正跟教室里同学说话的男生，想吓唬他。没想到那个同学一点防备也没有，他这一扑让两个人一起朝墙上撞了过去，前面那个同学的膝盖就撞碎了安全出口灯的玻璃。听完事情经过，我赶忙检查那个同学的膝盖，还好他穿着长裤，减缓了冲击，膝盖只是有些红，并没有受伤。

随后，我留下了小凡，进行一番安全教育之后，通知他明天要请他爸爸来学校商量赔偿的事情。我说完之后，示意他可以回家了。他却迟疑着不走，并且欲言又止。我直觉地感到，这件事情有蹊跷。便问他："怎么了？让你爸爸来，有困难吗？"他梗着脖子看着我，不说话。我就说："你损坏了公物，必须要赔偿的。我需要和你爸爸谈谈。"没想到，听了这句话，他忽然生起气来，声音不大，但是咬牙切齿地说："什么谈谈，不就是要我爸打我一顿吗？"我惊讶地看着他说："小凡，你是说，你做错了事，你爸爸就会打你一顿？"他红着眼眶点了点头。我看着他，忽然有些明白了。"平时爸爸妈妈工作忙吗？"我问了一个看似无关的问题。他有点疑惑着看着我，答道："很忙。周末都要加班的。常常是我一个人在家。"我点了点头。他又继续说："他们回来也不理我。顶多妈妈问问学习情况。"我在心底叹了口气，因为我看到了一颗幼小寂寞又无助的心。但表面上我笑了笑，故作轻松地问道："你妈妈应该不会打你吧？""嗯。"他点点头。"那这样，明天让你妈妈来处理吧。而且，我会要求她不跟你爸说这件事。"小凡听后，难以置信地看着我。我依然笑着，说："这下可以回家了吧?"他愣了一下,破例向我鞠了一个躬,说:"谢谢您! 方老师再见!"

第二天,小凡妈妈如约来学校处理。我先跟她讲了一些小凡在校的良好表现,例如作业的字迹是比较工整的,学习新知识也很有兴趣等。小凡妈妈是个实在人,听了这些觉得很诧异,不禁问道:"老师,不是我们家孩子闯了祸才叫我来的吗? 你怎么还表扬他呢?"我向她解释道:"你们家长平时都挺忙的。好不容易来趟学校,我总要尽量全面地让你知道孩子在校的表现。不能因为孩子犯了错误就只说缺点,不提优点了啊。"他妈妈听后"噢噢"地应了两声。接着,我就把昨天的情况告诉了她,随后小凡妈妈也很配合地进行了相应赔偿,这件事情就算结束了。

临了,我特地跟小凡妈妈提出这件事情不要告诉他爸爸,以防他挨打。小凡妈妈意外地看着我,并问道:"老师你怎么知道他爸会为这个事打他?"我轻叹了一声,说:"小凡为了类似的事情没少挨过他爸打吧。"小凡妈妈长叹了一声,朝我点了点头,然后说:"说实话,他爸下手重,我也心疼,但毕竟孩子是闯了祸,不管也不行啊。"我看着她,认真地说道:"小凡妈妈,劝劝他爸爸,以后发生任何事情都不要再打孩子了! 孩子犯错是很正常的,不然怎么叫孩子呢? 面对孩子犯错,我们要做的是家校联合教育,让他明白道理。不能让孩子白白挨顿打,却仍然不知道该怎么做。""联合教育?"他妈妈似乎是听到了个新名词。"对呀。我们老师需要和你们家长联合起来,一起对孩子进行教育。这样才会达到最好的效果。"小凡妈妈听后连连答应着。

临走时,我对她说:"我知道你们工作很忙。如果可以的话,我建议你每个周五下班后都给我打个电话,了解孩子一周在校情况。然后我们可以讨论一下接下来可以一起为孩子做点什么。"他妈妈满脸感动又有些不好意思地说:"这样不是太麻烦老师了吗?"我笑着说:"周五没关系的。我等着你的电话啊。"她答应着,真心说道:"方老师,我觉得你和孩子以前的老师不一样。"我依然笑着:"每个老师都不一样啊。"

之后,小凡妈妈如约每周五下班就给我打电话,了解孩子在校情况。我尽量多谈孩子在校做得好的地方,并提出让家长根据我提供的在校表现信息对孩子进行表扬和鼓励,同时我也肯定他们家长是学习型、讲科学养育方法的好父母。对于孩子在校以及小凡妈妈向我反映的他在家一些不太令人满意的地方,我提出我们先要接受,再想办法帮助孩子慢慢改进。而平时在孩子面前,我常常故作不经意地提起他妈妈很关心他,经常会打电话给我问他在学校开不开心,有没有受到表扬。

就这样,小凡妈妈坚持着一周又一周的和我电话沟通。从交流的内容我逐渐感受到了家长思想和教育方式的改变,而小凡也慢慢地发生着变化。他开始注意自己的言语、行为和同学、老师对他的评价，上课发言也变积极了。他关心起了集体，甚至在放学后还主动帮助其他同学排课桌椅。整个人身上的阳光气息越来越浓，成绩也逐步上升。到学期末的时候，他的数学考了个全班最高分，还以班内最高得票数当选了"进步之星"。

我之后的反思：由于父母忙于工作，导致孩子缺乏足够的关注，也让他没能直接感受到父母对他的爱。无奈之下，他只能用惹祸来引起他们的关注，但可惜换来的不是耐心的交流，往往是挨一顿揍。这样的结果毫无疑问地恶化了双方的关系，也影响了孩子对自己的正面认同感和心理定位。孩子觉得自己总是表现不好，家长觉得自己无计可施。更可悲的是，这个家庭就这样被绕进了恶性循环的圈子里，怎么走也走不出来。当我意识到这一点的时候，我决定帮助他们打破这个圈子，改善关系，改变心理定位。

我用的方法其实很简单，把大家的注意力都引到孩子的良性行为上，让孩子和家长都看到孩子有很多优点，他可以把事情做得很好，从而得到周围人的肯定和表扬。慢慢地，孩子的心理地位就发生变化了，他把自己定位在了"进步"行列，于是，他真的开始进步了。而在尝到了被同学、老师、家长认可的甜头后，他的劲头就更足了。量变最终会导致质变，坚持最终使得他真正成了一名好学生。

另外一点值得我们关注的是，如今的家长由于工作压力大，往往比较浮躁，与青春期的孩子之间的亲子关系常常本来就比较紧张，一旦老师"告状"，尤其是请家长到校，很容易激化这些矛盾。所以，请家长到校，绝对是把"双刃剑"。如果我们老师自身带着情绪，对家长诸多埋怨，甚至训斥，那么这些负能量一定会被家长带回家，最终全部转移到孩子身上。结果往往是使情况变得更糟糕，根本谈不上教育。因此，怎么用好这把"双刃剑"，很值得我们思考。

只有家庭教育和学校教育紧密配合，家长和老师及时互通信息，适时采取有效措施，才能真正有效地促进孩子的健康成长和发展。我认为每次与家长接触，我们老师都要"备个课"，先要了解这个家庭的特点，再根据其不同的特点跟家长进行交流，共同协作。绝不是谁来了都大道理说一通，把孩子的不是之处说一通。我们如果能够把这个家庭存在的问题找出来，再决定如何帮助孩子，让家长更多地看到自己孩子的优点，提出操作性更强的方案，往往就能事半功倍。

扶起倾斜的天平

晚上9点,我的手机响起,一看,又是这个尾号400的电话。两周以来,我几乎每隔三天都会接到他的电话。我叹了口气,但还是面带笑容地按下接听键,我知道,这是一个需要传递温暖的电话,而我的笑容他一定能感受得到。电话那头传来一个男孩子哽咽的声音,"方老师,我又和我妈吵架了。我心里很难过。"我微笑着问道:"小辉,和妈妈吵架确实令人难过。那么,吵过之后,问题解决了吗?"电话那头沉默了10秒,然后慢慢开始描述事情的经过和他内心的感受,而我则用抱持的态度温和地应答着。20分钟后,他平静了下来,向我道谢,挂断电话,但我开始思考他真正的问题所在。

表面看起来,这两周小辉和他的妈妈是由于一些生活琐事意见不合导致亲子关系紧张。孩子明知这样做不值得,却又控制不住自己的情绪,每次吵完都后悔不已,打电话给我倾诉,寻求帮助。在此期间,我发现孩子从不主动提起自己的父亲,当我问起时,得到的回答也总是"他不在家"。根据我学期初在班内做的调查来看,他的父母并没有离异。于是,我决定约见小辉的妈妈,好好地了解一下他的家庭情况。更重要的是,我想知道,在他们家的家庭教育中,父亲是否缺位了。

小辉的妈妈如约来到学校。她是一位眉目清秀、谈吐优雅、温和有礼的女人。这瞬时令我有点讶异——这样一位妈妈怎么会隔三岔五地跟孩子吵架?于是,我带着好奇心跟小辉妈妈交流。我们从孩子近来的学习情况慢慢谈到了他们家庭的情况。原来,小辉的爸爸是一位堪称"特殊人才"的生物科技研究员,在上海的一家制药厂专门负责研发新型药物。由于工作任务繁重,他常常十天半个月都不能回家。小辉由妈妈一手带大,妈妈对他的照顾可以说无微不至。虽然丈夫常年在外,但她感觉儿子还是很懂事、很听话的,成绩又不错。因此,她一直很自豪。可是,自从儿子升入初二,虽然在人前他依然彬彬有礼,学习情况稳定,但一回家就冲她大呼小叫,甚至嫌她烦。有时为了避免争吵,她跟儿子几天都说不上一句话。有时是两人吵完一架,各自在房间里流泪。这些都令她痛苦无比。听到这里,我禁不住轻拍了两下她的手背，说了声："小辉妈妈，你真是太不容易了。"没想到听了这句话，她潸然泪下，哽咽着说："方老师，我这些辛苦和委屈真是没人看得见，更是没地方说呀。他爸爸有时也不理解我，认为孩子有问题，就是我没处理好。"我点点头，真诚地看着她，说道："我要给你肯定！你很成功地培养了你们的儿子。这孩子身上优点可多了。"听了这句话，她破涕为笑，有点不好意思地向我道谢。

　　一番安慰之后，我便向她指出了父亲缺位对孩子教育产生的不利之处。她也表示知道这些问题所在，但是目前这个父亲十天半个月才能回来一次的现状暂时无法改变。于是，她担心地问道："这样下去可怎么办啊？"针对他们家这样比较特殊的情况，我在分析了青春期孩子的特点之后，给了小辉妈妈一些建议。让妈妈在一些小事情上尽量放手，培养孩子自主处理事情的能力。其次，在爸爸回家的日子里，尽量让孩子多跟爸爸在一起，并且给他们父子安排一些他们两个人的活动，以提高父子相处的效率。而爸爸不在家的时候，也可以让孩子在遇到一些问题时，跟爸爸通个电话，交流想法。小辉的妈妈听了之后频频点头，连连表示赞同和感谢。

　　接下来的一段时间里，我晚上接到电话的次数越来越少，而白天在学校里，小辉脸上的笑容也越来越多。充满活力的小辉作为体育委员，把班级的出操、去专业教室的整队前行等班级事务做得极好，屡屡得到表扬。他的成绩也随着他自信心的增强节节攀升。期末考试的总分比期中时足足提高了40分，他由中等偏上一跃成为尖子生，令所有人刮目相看。在领成绩报告单那天，我还听到他很高兴地跟同学说："我这下可达到老爸的要求了，寒假可以去参观他的高科技实验室了。"旁边同学很惊讶地说道："小辉，没看出来呀。你爸原来是科学家呀！"他得意地笑着，抬了抬下巴："那是！"看着小辉如他的名字一般熠熠散发光辉，我的心中一片暖意荡漾。

　　从严格意义上讲，小辉的家庭属于隐性单亲家庭，虽然父母存在婚姻关系，但父亲常年不在家，造成生活和教育中的缺位。由于父爱缺失，母爱就自然而然补偿的过度了。这种过度的母爱，主要表现在母亲对孩子的溺爱和控制上。孩子基本上没有选择权，一切都要母亲来安排，母亲永远把孩子当成婴儿来养。这样的母爱，母子在心理上都会产生一种病态的共生和依赖关系，长期如此容易导致孩子心理年龄幼稚化，隐患是将来孩子的工作和学习会缺乏主动性，缺乏社会适应性，抗挫折能力较差。

　　而到了青春期，孩子开始发展独立的人格，要求自主权，必然会出现与母亲争夺控制权的现象。从另一个角度来看，这也是孩子在挣脱枷锁、努力成长的表现，不是坏事。但是这个家庭中，因为缺乏父亲的参与，其结果当然是两败俱伤，争吵避免不了，而吵过之后母亲和孩子都因无父亲安慰、无父亲参与缓解，关系更加紧张。

孩子成长的不同阶段，父母的影响力也是不一样的。学龄前，养育多于教育，母亲的细心、耐心显得更内行、更有效。然而，母亲的影响力在孩子小学三年级时达到高峰，之后便开始走下坡路，直至初中与父亲平分秋色，初二以后基本就依靠父亲了。步入青春期的孩子想要独立，不能忍受母亲过于细微的管束，父亲较松的管束反而受孩子的欢迎。因此，当孩子的青春期遇上母亲的更年期时，父亲更责无旁贷，千万不可"隔岸观火"。

因此，我给了小辉妈妈两方面的建议。一是控制过度的母爱，在孩子力所能及的事情上放手，信任孩子的同时给孩子成长的机会。另外，这样做还可以减少因为叛逆期孩子与她想法不同而形成的矛盾。事实证明，孩子在做一些小事上得到了自主权之后，确实有了很多正向的改变。给我打电话诉苦的次数逐渐变少，直至没有，而精神面貌变得越来越积极向上。二是将原本缺席的爸爸尽可能多地拉回到他的位置上。陪伴时间短没关系，可以提高效率。试想，每天回家的爸爸也未必能做到十天半个月跟孩子独处一下，做些有意思、有趣味的小活动，带孩子走亲访友，让孩子亲身体验自己为人处事的方式，手把手地教孩子如何待人接物。而尝试经常这样做的小辉爸爸必然给孩子带来很多美好的记忆。父亲做事的过程与方法，做人的情感、态度和价值观，就会潜移默化地影响着孩子。

对孩子的教育是不能看时间量的，我们看的是与孩子接触的强度、力度和沟通的深度，在孩子发生关键性事件、转折性事件时介入了多少。因此，长期不在家的父亲，如果能在孩子遇到这些可能会产生重大影响的事件时，及时出现、处理，同样会给孩子带来良好的深远影响，起到很好的作用。

在家庭教育中，父母的爱犹如一杆天平，一旦一边失衡，孩子必定会出现问题。因此，为了孩子更健康快乐地成长，帮助父母扶起倾斜的天平，我们教师责无旁贷！

（发表于《福建教育》2017年第1、2期）

帮助父母只做父母

开学后,我做的第一件事情是观察班上孩子们的精神状态,以便及时帮助他们更好地投入新学期的学习生活。

我发现,寒假结束后,孩子们出现了两种情况。一部分孩子精神饱满,身心都做好了充分的准备来迎接新学期;而另一部分孩子则显得十分疲惫,做什么事情都打不起精神来。这部分疲惫不堪的孩子立即引起了我的注意。我一个一个地找他们谈话,却几乎得到了同一个答案。上学期期末因大雪取消了休业式,家长觉得老师布置的作业太少,不利于他们成绩的巩固提高,就主动给孩子买了语数外的练习,在寒假里盯着他们"开小灶"。弄得这些孩子心情很郁闷,疲于应付这些练习,其实也没什么提高,倒是与父母的关系变得有些紧张。

天津市社会科学院曾做过一项关于家庭教育的调查,数据显示,相当一部分家长将"家庭教育"理解为"家庭学习",于是把抓孩子的知识学习放在了家庭教育和父母职责的首位,甚至有59.8%的家长认为"辅导孩子学习是家长的本分"。

在我们班这部分孩子的家庭里,家长在辅助孩子学习上可谓花足了功夫,但是对孩子日常行为习惯和自理能力的培养方面缺失很严重。好几个孩子到了初一,还仍然需要妈妈帮他收拾书包。更有不少孩子轮到做值日生时,还需要我手把手地教他们怎么扫地、拖地和排课桌。

我认为这是家庭和学校功能角色的错位,非常不利于孩子的成长。正所谓"耕了别人的地,荒了自家的田"。

为了促进家校合作,更有效地帮助这些孩子,我花了整整一周时间,跟这些家长做了电话和短信的沟通。

首先,我跟家长们讲明了家庭教育和学校教育的特点和规律,强调家庭对于孩子更重要的是锻炼其生活自理能力。家长们绝不能只盯着孩子的功课,甚至勉为其难地去辅导孩子的功课。我建议家长要让孩子在家里坚持干一些家务活,而不是形式主义地做做样子。接下来,在班级里,我也打算开展

"日常小窍门"交流活动,让孩子们交流从父母那里学来的生活妙招,借此摆正家庭教育的功能位置。

其次,我要逐步在班级里建立起家长委员会,让父母们以家长的身份来支持班级工作,加强与老师的交流,同时也要加强家长之间的交流。创造一些机会让一些在孩子教育上有心得的家长和其他家长做分享,共同进步。

最后,我打算开展一个"悄悄话信箱"的活动。让家长和孩子通过小纸条的方式谈谈心里话,如果有沟通障碍,就由老师来做中间人做协调。要让家长对孩子从"盯着功课"转变为情感支持,多听听孩子的想法,为孩子的成长排忧解难做参谋。

拔刀相向的父亲

最近又见到网上报道的各地多起教师受伤害的事件,不禁令我回忆起几年前我班上一位家长带管制刀具到学校闹事的惊恐经历。

这件事情起因很平常。一名叫小易的同学总是逃值日,这天傍晚,几个和他一起做值日的孩子放学时就联合起来围堵他,要他一个人包揽所有的活,小易当然不服气。于是,双方就起了争执,后来动起手来。因为素有积怨,双方下手都有些狠。等我发现去处理时,每个孩子都不同程度受了些皮外伤。确定所有孩子伤情都不打紧后,我按照常规的处理方法,各打五十大板,严厉地批评了他们,并要求他们各自回家写500字的检讨书。之后,为了保险起见,我又给每个家长都打了电话,说明这件事情,请家长配合我一起教育孩子,不能用武力解决问题。

几通电话打下来,家长们都表示会积极配合,好好跟自己的孩子谈一谈。只有小易家长的电话没打通。我想,第二天就有家长会,小易的家长也会出席,到时候再谈也不迟。因此就在检查了教室之后,收拾东西离校了。却没想到,就是这一个疏忽,差点酿成了大祸。

第二天下午是我们整个初二年级的家长会。按照学校安排,届时校门对外开放,家长签到后就自行进入,先到报告厅听校长发言,再到班级听班主任介绍本班情况,最后与任课老师交流。因此,当我见到小易爸爸提前出现在办公室时,以为他是想提前与老师们交流一下。没想到,我刚站起身来,他就满脸怒气地走过来质问我:"昨天是哪几个人打了我儿子?"我赶紧搬了个凳子,请他坐下慢慢说。他却站着一动不动,继续问:"是哪几个?"我说:"小易爸爸,昨天的事情我已经处理过了。我们坐下来慢慢说。"他大手一摆,说:"我不要听什么狗屁解释!我儿子昨天挂了彩回来,我今天就是来讨个说法!你如果不给我指出哪几个混蛋打了我儿子,我跟你也不客气!"说着,他一脚踩在凳子上,忽然从裤腿下拔出一把匕首样的刀来。我顿时心都提到嗓子眼来了,只觉得喉咙发干。我用尽了全身的力气才发出声音来:"小易爸爸,你先别冲动!"这时,办公室里其他老师也都发现了不对劲,为了避免刺激到这个家长,一些跟他不熟悉的老师都悄悄地退出了办公室,只留下我们班的数学老师和我,小心翼翼地劝说着。但小易爸爸完全听不进我们说的话,一面挥着匕首,一面叫喊着让我们指出打他儿子的肇事者来。我给他倒了杯水,让他慢慢说,并向他道歉说,这事我也有责任,没能看好这些孩子。而且,昨天我应该坚持打通电话跟他们联系解决这件事,是我太疏忽了。他一口喝干了杯子里的水,喋喋不休地说着自己儿子回来之后有多委屈。

眼看着其他家长进教室的时间就要到了,我焦急万分,为了防止事态进一步严重下去,我对数学老师使了使眼色,说:"张老师,你帮我照看一下班级。我和小易爸爸去德育处谈。"我抬起头,对小易爸爸说:"你想要知道具体的情况,我可以告诉你,但是我不能在这儿说,我们换个地方说,而且你得把这个收起来。想想你儿子还得在这儿待两年呢!你不能不顾后果!"他听了我这番话,若有所思。我又故意说:"你一个大男人,不会怕我这个女人吧?"他冷哼了一声,收了匕首,说:"走!"于是,头皮发麻的我带着小易爸爸往德育处走了去。

一路上,我故意走得很慢,而且不停地说着他儿子在学校里一些好的表现,告诉他任课老师们对他儿子的评价都很好,说他儿子将来一定大有出息。见他的脸色慢慢缓和下来,我才最终把他带到了德育处。其实,我带小易爸爸走后,我们班的数学老师早已和德育主任通过电话,讲明了这件事。因此,当我们到达时,德育主任已经做好准备等着了。经过一番苦口婆心的劝说,我们确定他今天不会再有什么行动之后,才把他送出了校门。

我后来反思,这起事件中的家长是个典型的冲动型家长,而且带有暴力倾向。面对这种类型的家长,我认为,我们老师一定要注意以下几点:

首先,一定要保持冷静。虽然对方很冲动,但我相信还没有到丧失理智的地步,而且我们一定要知道,家长冲动的根源在孩子。像这起事件中,就是家长认为自己的孩子受了欺负才会冲动。我们保持冷静,不与之发生进一步的争执,说一些让他听起来顺耳的话,再让他感受到我们对孩子的关爱,就能帮助对方冷静下来。大家都冷静下来了,才能好好谈话,真正解决问题。

其次,帮助他把火泄掉。家长是带着火来的,这火通常某种程度上与我们有一定关系,至少家长认为有关系。那么,我们不推卸责任,耐心听他把话说完,甚至由他闹一闹情绪,发泄一下。让家长觉得我们是站在他这一边的,我们是以我们的方式在帮助他,他就比较能接受了。

最后,我们要坚持原则,保护自己。遇到可能对我们人身有伤害的情况,我们还是要借助警方的力量。

甘做"地板"的母亲

随着铃声响起,我的手机上显示出一串看着有些眼熟的号码,我本能地感觉到是家长打来的。一看时间,已经是晚上8点半。于是,怀着满心的疑惑,我按下了接听键。

"方老师,你好!"电话里传来一个女性的声音。

"你好!"我一边回应,一边在脑海里搜索这个声音主人的身份,我可以确定是家长,却一时想不起来是哪位家长。

"方老师,我是小晴的妈妈呀。你还记得吗?"那个声音听起来似乎有些不好意思。

"噢。是小晴妈妈啊。你和小晴最近都挺好的吧?"

小晴是三年前毕业的,当时在我班上时,她的妈妈几乎每半个月就跟我通一次电话,所以我对这位妈妈的声音还有印象,但因时间隔得久了,没能一下子反应过来。

"嗯。身体都好。"电话那头的声音似乎欲言又止。

"还有二十来天小晴就要高考了。最近孩子的情况怎么样?"我关心地问道。

"方老师,其实我就在你家小区门口。我想跟你碰个面,但是时间不早了,又怕打搅你。"小晴妈妈的语气满是歉意。

"没关系。我这就出来迎迎你,上我家来坐坐。"我猜想,她一定是有急需我帮助的事情。

当我在小区门口见到小晴妈妈时,只觉得她满怀心事,看起来又十分憔悴。我赶紧请她到我家,她却不断地推辞,希望我能和她在小区里散散步聊一聊。我也不好勉强,边走边听她说起小晴的情况。

三年前,小晴初中毕业,考取了我市的一所重点高中。一开始全家人都很高兴,但美中不足的是学校离家远。父母虽有些不放心,但为了不让孩子每天奔波最终还是选择了让小晴寄宿。谁知半年后,老师反应她的成绩因经常看课外小说而直线下降。小晴的父母文化程度都不高,听到这个情况也不知该怎么办,只是训斥了她一顿后就作罢。之后,小晴的成绩一直到高三都是时好时坏。直到最后一个学期,她要求走读,父母便安排了时间去接送她。一模考试,小晴的成绩达到了本一线,但二模只达到了本三。面对女儿成绩的忽上忽下,小晴妈妈愁得吃不下睡不着,却也不忍心再去说孩子,怕给孩子增加压力。偏偏这个周末,又发现小晴在看课外小说。一场争吵之后,小晴妈妈看着孩子紧闭的房门,已经无计可施。连着三天,母女俩一句话也没有说。

那天晚饭后,小晴妈妈心里实在憋得慌,就一个人出来散步,不知不觉竟走到了我住的小区门口,于是拨通了我的电话。

听完她长长地叙述,我微微一笑。握着她的手,说:"谢谢你到现在都这么信任我。我知道,你也一直不容易。"

她的眼眶有些发红,哽咽着说:"方老师,我这个人没什么文化,也不会说话。对孩子的事情也一直是糊里糊涂的。只有你不嫌弃我,愿意听我的苦恼,帮我出主意。"

我轻轻拍拍她的手背,说:"快别这么说。谁没有个为难的时候啊?"等她情绪稍稍平复一些,我才接着说:"小晴妈妈,你知道吗?据说父母一般有两种。一种是'天花板型'的,一种是'地板型'的。"

她不解地看着我。我继续说道:"'天花板型'的父母仗着自己有文化知识对孩子全方位控制,这些人家的孩子看起来一直很优秀,但是孩子会觉得自己从来就达不到父母的要求,一直是失败的、没用的,甚至有的孩子会因此得强迫症、抑郁症,更严重还有自杀的。"

"噢哟,这可要不得。"小晴妈妈听到"自杀"一词被吓了一跳。

我摇了摇头,笑着说:"你放心。你啊,是'地板型'的妈妈。"

"我是'地板型'的妈妈?"她好奇地看着我。

"是啊。你啊,就像你自己说的,文化程度不高,在孩子的问题上经常稀里糊涂。你觉得你能为孩子做的也就是生活上的关心,但是当孩子犯了小错误时,你却盯着孩子的错处不放。这样做其实是很难让孩子感受到你的爱的。而且,你知道吗?正因为这样,小晴的成绩一直就不是那么稳定。但是我相信,她一定很清楚自己要什么。"我耐心地向她解释道。

"唉!"她叹了口气。"是啊。孩子一直比我明白。我都不知道还能为她做什么。"

看着她既担心又迷惘的样子。我皱了皱眉头,忽然一个想法冒了出来。我说:"小晴妈妈,你等一下。我进去拿个东西给你。"

我飞快地回了一趟家,拿出了一个木制的钥匙环给小晴妈妈。

"这是什么？钥匙环？"她不解地看着我。

我点点头，说："是的。这是前年我去清华大学参观时带回来的，是他们建校一百周年的纪念品。你拿回去，给小晴，就说这是你专门托人从北京带回来的。就是一份对孩子的祝福，祝她高考顺利。"

"不行不行！这怎么好意思呢？"她连忙推脱。

我摆摆手，说："今天你能来找我聊这些事，就说明你信任我。既然你信任我，就把这个纪念品拿回去。按我说的，给孩子一个鼓励。不然，今晚咱们就白聊这半天了，是不是？"

"那，我就先收下，等孩子考上了，一定请您吃饭！"小晴妈妈笑中带着泪花。

晚上11点钟，我已经睡下了，手机发出了短消息提示音。我点开一看，上面写着：方老师：我收到礼物了。特别开心能在这个时候收到这样一份鼓励。谢谢您！请您等我的好消息！高考结束后，我要下厨给您和我爸妈做一顿好吃的。您到时一定要来啊！我还要请您听听我对自己未来的规划。——小晴

看完后，我的嘴角不禁上扬了，也不禁感慨。这个"地板型"的妈妈真是甘做"地板"啊！而我也相信，有一位甘做"地板"的母亲，孩子必定能迈开大步，走得更踏实。

别让"快乐"甚嚣尘上害了孩子

——写给涛涛爸爸的一封信

涛涛爸爸:

您好!我思前想后,还是觉得用这样的方式来跟你交流最为恰当。

两周前,涛涛与班上同学打闹时恶作剧地拉脱了对方的裤子,导致这位同学因羞愧而躲在厕所里两节课不肯出来,老师和同学费了很大的劲才将他劝了出来。后来因涛涛不肯向对方道歉,我无奈之下只能请你到学校配合进行教育。但我没想到的是,您来了之后的关注点一直在涛涛有没有受委屈,而不是在给同学道歉这件事上。我一再提醒之下,你才勉强让涛涛道了歉,同时要求对方向涛涛道歉。

也许,对于你来说,这件事情就这样过去了。但我觉得错失了一个教育的良机,未免可惜。我们换位思考一下,如果在打闹中被拉脱裤子的是涛涛,你又会做何感想呢?如果是涛涛因羞愧而躲在厕所两节课,你又会怎样来看待这件事情呢?你是不是也会希望通过对方的道歉让自己的孩子从这场闹剧的阴影中走出来呢?其实,对于涛涛而言,能通过这件事学会为自己的行为承担后果和责任,未尝不是件好事啊。

你跟我说过,由于家境比较宽裕,你对于涛涛一直奉行"快乐教育",万事都以孩子能快乐为前提。我想,这也是天下所有父母的心愿。有哪位父母不愿意自己的孩子天天快快乐乐呢?但你有没有想过快乐也分很多种,快乐也应该有前提。

如果一个孩子的快乐是建立在别人的痛苦之上,这种快乐是真正的快乐吗?如果一个孩子永远都必须以保证自己的利益才能快乐,那么他的快乐又能持续多久呢?

其实,对于低层次的"快乐教育",我国著名学者王小东曾严肃提出过反驳。他说:"这几年,'西方快乐教育说'在网上甚至媒体上甚嚣尘上,误导了许多不谙真相的家长和孩子。对那些'快乐教育'的推崇者,其实,我就一个问题:你想快乐多久,几年?还是一辈子?"

我知道,你非常爱自己的孩子,也知道你想尽自己的力量让孩子成长得更好。但是孩子不可能在父母的护翼下过一辈子,他们要学会在集体中生活,他们需要朋友,需要合作伙伴,需要为了理想而奋斗拼搏的精神。我很难想象一个事事都只追求"自己快乐"的孩子将怎样来面对这一切。如果我们能在孩子的教育问题上,把眼光放得更长远一些,是不是会更好呢?

　　我认为,在当下这个物资充裕的世界,要让孩子得到真正的快乐还得从孩子的实际需求出发。一个花季的少年,他的快乐成长应该是在于体现自身的价值,在于和同伴相处的乐趣,在于被周围的人认同。我们要看到这个年龄的孩子不再需要父母无微不至的照顾,他们更需要家以外的空间来锻炼和成长。

　　涛涛爸爸,请相信,我和你一样希望孩子能健康、快乐地成长,而我更希望我们能用理智的态度和科学的方法合力给予孩子有效的帮助,让他身心发展得更完善,而别让"快乐"甚嚣尘上害了孩子。

　　祝一切顺利!

方老师
2016 年 11 月 2 日

教育是水

及时筛查,尽早干预

通常,老师们接手初一新生班级时,刚开始虽然偶尔也会有小波澜,但表面上看起来都会比较风平浪静。随着时间的流逝,学生们的问题就会逐一暴露出来,甚至有些会一下子发展到不可收拾的地步。其实,如果在学生入学时,我们就如中医诊脉一般"望闻问切"一番,就可以打有准备之仗,将问题解决在萌芽状态,用学生更能接受的方式去做更好的引导。

在我们学校,初一班主任通常在8月29日能拿到花名册和基本资料,新生一般是30日报到。我会先在学区内各小学毕业班老师那里打听一番特殊群体名单,再查看自己班上是否有提及的学生。有的话,就再进一步了解一下是什么问题以及其家庭情况。

其次,除了让学生报到时带《素质报告书》来以外,我还会准备一份调查问卷(见附表,改编自于洁沙龙分享资料),在报到时,告诉学生为了更好地帮助他们适应初中生活,一定要如实填写。在保证学生如实、认真填写的基础上,我们就可以对其家庭情况有比较全面的了解,包括是否单亲,父母对其关心程度及教养方式,家庭是否和睦,幼年养育情况,是否存在家庭暴力等。为了使得问卷所调查的内容不那么突兀,我同时放入了一些调查学业和兴趣爱好的问题。并且,在问卷的最后,设有学生对班主任老师说心里话的机会。

最后,当然还要注意日常接触观察。新生入学原本就面临众多适应性问题,往往特殊家庭的孩子较一般家庭的孩子适应力更差,有了以上两方面的筛查,我们班主任老师心里就能有个底,平时观察到一些苗头性问题就能及早干预。

以我们班为例,8月29日,我拿到花名册和基本资料后,立即进行特殊群体了解,发现有个叫小贺的孩子,在本校小学部学习期间,好动,上课注意力不集中,爱玩游戏,不做作业的现象很严重,父母因为经营广告公司,非常忙碌,没有时间陪他,对他的管教以唠叨和打骂为主。报到后,我从他上交的《素质报告书》和调查问卷中进一步肯定了这些情况,同时,我发现他有唱歌的爱好,而且已经坚持学了四年。另外,还发现他写了妈妈经常骂爸爸和他没用、考砸了爸爸会揍他等内容。

开学第一天,我强调了哪些行为会得到认可和表扬,哪些行为会损害自己的形象,其中包括要求及时交作业。本学期开学第一周只有两天,作业的量很少,全班完成得都很好。于是在这一周的家校联系单上,我表扬了全班同学,还特别点名表扬了这两天有良好行为的孩子,里面也包括了小贺,我请家长也要肯定并鼓励他们下周继续努力。但周一收反馈信息时,我惊讶地看到小贺的妈妈居然写着:老师,你别以为这孩子有多好。不行,只管揍!

看到这样的言辞,我实在感到有些生气,平复了一下心情后,我电话联系了小贺的妈妈,提出希望她能够和我一起相信孩子,并真心地肯定、支持孩子的良好表现,而她回答得显然很敷衍。但接下来一周的家校联系单反馈上,她的言辞稍微缓和了些,提了些希望。

两周后,学校组织"校园十佳歌手"比赛,小贺兴致勃勃地报名参加了。我想了想,对他说:"小贺,你参加这个比赛,先不要告诉家里人,到时候给他们一个惊喜。"其实,我是怕他妈妈给他泼凉水影响他的比赛心情。小贺听后点了点头。我还建议他和音乐老师沟通一下,争取排个好节目。他说一定会的。

一周后的比赛中,小贺凭借自己的努力夺得了"校园十佳歌手"的奖牌。我第一时间给他妈妈打了电话报喜,他妈妈显得既意外又高兴。我再次向她提出和我一起真心地肯定、支持孩子的良好表现。这次她认真地答应了。第二天,我询问小贺情况时,他兴奋地告诉我,长这么大,这是他第一次听到爸爸妈妈夸奖自己,这感觉简直太棒了。我说:"你原本就很棒!但你要让我们看见,你才能得到赞美啊!"他听后,腼腆地笑了。

一个月后的月考中,小贺考得很不理想。我想起,他在调查表上写过考砸了会挨揍,就赶紧给他爸爸打了电话,告诉他,孩子由于基础不好,目前还没完全适应初中的学习,这次考试又是没复习的抽测,因此成绩考得不理想。但这是暂时的,我们还是要多鼓励,慢慢一定会好起来的。我千叮万嘱不能打骂孩子,只问他知不知道接下来该怎么办才能改善,如果孩子说不知道,要控制脾气不发火,可以的话,帮他一起想一些办法,他觉得可行就写下来,如果家长觉得想办法也有困难,就让他明天来找我。小贺爸爸有些不好意思地向我保证一定不打孩子,一定腾出时间来帮孩子一起想办法。

第二天,我向小贺了解情况时,他很感慨地说:"老师,我觉得我的父母变了。"我问他怎么变了。他说他们变得讲道理,而且愿意帮助自己了,他感到特别幸福,接下来一定要好好学习,不能对不起他们。

看着小贺洋溢着笑容的脸庞,我想起了以前有个学生因为家庭暴力最终闹到离家出走时我才发现,再去处理时,亲子关系已经千疮百孔,追悔莫及。如果能更早地发现,更早地干预,结果也许就不是那样的了。

我拍拍小贺的肩膀,说:"一次没考好,真的不算什么。况且,这次还是裸考的。我们争取期中考试有进步!"他听后立即捏紧拳头,做了个努力的姿势,说:"我一定会咸鱼翻身的!"话音刚落,我们两个都笑了起来。

我看着四周,一室阳光,顿时觉得,这样真好!

附表:

让我了解你更多

请相信本调查老师是唯一读者,并坚决保守秘密

1. 姓名:_____ 曾用名:_____ 性别:_____ 出生年月日:_____ 家庭电话:_____
2. 出生地:_____ 目前户口所在地:_____ 家庭详细住址:_____
3. 父亲姓名:_____ 工作单位和职务:_____ 父亲手机号码:_____
4. 母亲姓名:_____ 工作单位和职务:_____ 母亲手机号码:_____
5. 如果有急事,无法联系你父母,老师可以联系谁?_____号码是:_____
6. 你目前和谁住在一起,请打钩或者圈出来。

亲爸,亲妈,继母,继父,爷爷,奶奶,外公,外婆,其他亲戚

7. 读小学之前由_____带大。(可填写父母、外公外婆、爷爷奶奶或是其他什么人)
8. 读的是哪一所幼儿园:_____ 哪一所小学:_____
9. 你平时是怎么上学和回家的?请选择:

① 骑车,大约多长时间:_____;

② 坐_____路公交车;

③ 家人接送,一般是_____负责接送。

10. 周六、周日父母经常在家还是不在家?
11. 平时父母谁管你多一些?
12. 你曾经担任过什么样的班级工作?
13. 你的兴趣爱好是什么?
14. 你的家人有吵架的现象吗?有的话,大概多久一次?
15. 所有功课中,你相对而言,觉得学得比较好的是哪门功课?
16. 相对弱的是哪一门功课?你自己认为弱的原因是什么?希望老师怎么帮你?
17. 你觉得自己通过努力有可能取得突破性进展的是哪一门功课?
18. 中考时你希望自己达到哪一个层次?请打钩或者圈出来:

(重点高中;幼师;普通高中;职业中学单招班;职业中学普通班)

19. 小学时期你是寄宿还是走读?寄宿的话,从几年级到几年级?
20. 如果你犯错了,你父母会有什么反应?比如:_____。
21. 你的家人打过你吗?如果有,最近一次是什么时候?原因是什么?
22. 你看电视比较喜欢哪一类节目?

新闻、科技、军事、娱乐、动物世界、电视剧、电影频道或者是＿＿＿＿＿＿。

23. 目前为止给你留下最美好印象的一位老师是：＿＿＿＿。为什么？

24. 你希望班主任老师多鼓励你还是多指出你的不足之处？

25. 你平时的身体非常健康还是体弱多病？

26. 是否有心脏病、哮喘或者其他疾病需要老师特别注意？请一定如实填写,生命第一重要。

27. 如果你心情不好,你会用什么方式进行调整？

28. 最后,你还有什么心里话想对班主任老师说？请相信老师一定会真诚相待的。

后 记

教师，我无悔的选择

——在成为教师后的第16个教师节写给自己

亲爱的，你还记得吗？那一天你内心是那样的感慨，行为却是这般的失控。在艰难地笑着发完毕业证书之后，怕在孩子们面前失态的你立即慌张地逃离了教室，一个人默默地躲到教学楼隐蔽的一角。三年来的点点滴滴，一幕又一幕，不断地涌上心头，最终令你泪流满面。你的第一届学生毕业时，你竟然就这样沉浸在离别的悲伤里，连最后一句再见都忘了跟他们说。怪不得十年后他们再聚首时，笑话你的"处女作"收尾不完美。

你怎能忘记头三年里那么多教学生涯中的第一次？第一次上公开课，临上课时，你紧张得手直发抖，连书都快拿不住了，那个坐在讲台边上，平时最令你头疼的捣蛋鬼忽然对你说："怕什么？有我们在呢！你像平常一样讲你的课就是了！"你被他那父母训孩子式的语气逗笑了，即刻紧张全消，顺利地上完了那节课。第一次过教师节，一大早刚到办公室，你就意外地看到了桌上的礼物盒，打开之后，发现居然是个可爱的小狗储蓄罐和一张卡片，上面除了教师节的祝福和全班的签名外，还有一行字令你哭笑不得：以后花钱不要那么大手大脚，记得给自己好好存一笔嫁妆！

你当然还记得毫无经验的你任性地凭感觉为孩子们所做的那些事情，虽然为此，年轻的你不被理解，甚至还受过嘲笑和批评，你却依然乐此不疲。你领到第一个月工资时，除了给父母买了礼物外，就记得给班上的孩子们买巧克力和水果吃。一同参加工作的同事笑你傻，好不容易赚到的第一笔钱，却不知道给自己买件新衣服犒劳犒劳。你对他们笑而不语，因为他们没看到吃

认真做小事 成就学生和自己

着巧克力和水果的孩子们那因为你而快乐满足的样子。成为教师后的第一个冬天，一节早读课时，窗外飘起了鹅毛大雪，孩子们的注意力都被吸引了，无心读书。见此情景，你索性让他们放下课本，悄悄带他们到走廊上看雪。可是，见到初雪的他们是那样的兴奋，最终他们的欢呼声引来了年级组长对你的一顿批评。但是挨批的你一想到那几十双看着雪花发亮的眼睛，心里半丝懊恼都没有。

在你踏上讲台的最初这三年里，你就像一粒小种子，是你和孩子们彼此的爱浇灌着，令你慢慢地破土而出。初出茅庐的你是多么庆幸自己能够成为一名教师。你在心中高喊：教师，我无悔的选择！

在接下来的五年里，你经历了人生中很重要的两件事：结婚和生子。你不再能像之前那样单纯地集中全部精力，一心扑在班上的孩子们身上。挑起教师责任的同时，你还要兼顾家庭，这让不适应的你觉得很累，而丈夫的不理解更使这一切雪上加霜。你常常在半夜醒来，枕头已被泪水浸湿。就在你觉得人生到了最灰暗的时期时，是团队的力量使你获得了救赎。

你怎能忘记他们那么多令你意外却又感动万分的小举措？身为班主任的你每天早上出门早晚上回家晚，就算回到家里也常有家长打电话来问这问那，刚结婚时，丈夫不能理解你，颇有怨言，而一心想把事情做好的你则是满心委屈。后来，办公室里的同事们定期举行带家属的聚餐，每次席间大家都敞开心胸畅谈，互相劝解，终于解开了你的心结，也让你的丈夫了解了教师这个职业的特殊之处。你们俩最终顺顺利利地度过了磨合期。你休完产假刚上班时，为了让你能每天中午早些回去给孩子哺乳，搭班的同事主动把前两节课都让给你上，冬天他们上完早上最后一节课到餐厅时，常常吃到的都是已经冰冷的饭菜。是他们的体贴和支持令你渐渐能够兼顾家庭和工作，也帮助你慢慢地找到了两者的平衡点。

你当然还记得在这个五年里，你和搭班同事们是真正地相互协作着，布置作业时也是今天你多我就少一点，总复习时甚至一节练习课两个人分着上，精诚合作的统筹安排让团队力量得到了最好的发挥，连续两届，其中还有一届是接班的，你们都创下了本届中考全校最好的单科和全科记录。但让你们最难忘的倒不是这令人骄傲的成绩，而是每天开开心心在一起奋斗的工作氛围。你和同学科老师一起去参加市级的团队比赛时，也因分工明确，合作意识强，最终得到了高分获奖。在这样的团队里，你如鱼得水，快乐地进步着。

在你人生中变化最大的这五年里，你就像一株冬天里的腊梅，经历着生活如严寒般的考验，但是有了同事们阳光雨露般的相助，你逐渐开始拥有自

后 记

己的芳香。不断成长着的你是多么庆幸自己能够成为一名教师。你在心中高喊:教师,我无悔的选择!

在你成为教师后的第十个年头,你调到了一所新建的学校,在这里的六年,你再一次地蜕变、成长。已为人母的你更能理解家长,也更懂得了如何更好地与家长沟通,以便更深层次地帮助班上的孩子。

你怎能忘记那次学校举办艺术节活动,因为时间紧急来不及买演出服,班上一位会缝纫的妈妈知道后,就忙了两个通宵为孩子们赶制了出来。看到熬红了眼睛的她观演时还在努力为孩子们鼓掌时,你不禁感慨,这就是母亲!还有一位细心的父亲也令你印象深刻。每个学期最后一天他都会带很多大马甲袋来学校,他知道放假前学校要清空教室,而总会有粗心的孩子有太多东西放在学校,他就是特地给这些孩子送袋子,把东西带回家的。家长们就是这样默默地用自己的方式帮你,帮孩子们解决了很多问题。

你当然记得那位怀疑自己儿子受了欺负,前来兴师问罪的父亲,知道他是刑满释放人员的你没有戴着有色眼镜去处理,而是理解他那一颗怕孩子受委屈的心,之后,你还一次又一次地上门耐心进行沟通。精诚所至,金石为开,你最终得到了他的认同,而孩子在正确的引导之下也成长为一名正直的男子汉。

家长会上,一位母亲正兴致勃勃地跟大家分享着自己女儿取得重大进步的经验。谁又能想到两个月前,她的女儿还因为想反抗她"直升机"式的全方位管理而离家出走。在你的四次家访,深入沟通协调后,这位母亲终于明白,放手和信任才是让孩子长大的第一步。你与家长们的有效沟通找到了通向孩子们内心的正确方向,也使得你们能够更好地帮助孩子们身心更健康地成长。

在你找到新的方向的这六年里,你像一棵开了花的蒲公英,将改变和希望的种子用耐心的风吹到有需要的家长那里,推动着这些家庭更好地发展着。开始实现自身价值的你是多么庆幸自己能够成为一名教师。你在心中高喊:教师,我无悔的选择!

外加的是压力，内发的是动力

——我在"于洁班主任工作室"中获得的成长经验

2013年，是我教师生涯的第十三个年头了。按理说，挨过了前5年的"苦工期"和接下来5年的"技工期"，我已经到了可以独当一面和收获的阶段。但是每天忙得像陀螺一样的我一点也不快乐，甚至还有一个可怕的梦魇反复纠缠着我，让我无力又无奈，那就是职业倦怠。就在我苦苦思索出路时，苏州市名优班主任工作室主持人于洁老师向我伸出了橄榄枝。

怀着对名师的崇敬和好奇，我进入工作室。我清楚地记得工作室挂牌那天，于老师围着一条火红的围巾，让我感到无比的热情，我的内心也不由地温暖起来。而接下来的工作室会议上，于老师雷厉风行的办事效率和简单明了的任务分派法让我耳目一新。工作室里的事务其实是纷繁复杂的，但是于老师将其分成了各个项目，由我们各自选择擅长的去做。其实，这就是于老师班级管理法宝之一——各司其职。这个方法既能调动团队成员的积极性，又能使团队很好地运转起来。出了任何问题，直接找某项目的负责人一起解决即可，绝不会乱成一锅粥。这第一招就把我从烦琐的班级事务的事必躬亲中解放了出来，我还因此而窃喜了很长时间。

工作室里布置的第二个任务是让我们每人构思一个讲座，要求我们一有机会就在新班主任培训时介绍自己的工作经验。我思考了一个星期，最后决定讲一讲如何利用好教育时机来开主题班会。在接下来的准备过程中，于老师和蔼的肯定和严格的要求令我既充满动力又倍感压力。而团队里成员们之间的互相帮助和支持鼓励更让我体验到了格外的温暖。一个人有困难了，是一群人在出谋划策相助。套用于老师的原话来说就是："我们每个人身后都是一个团队的支撑，没有什么事情能难倒我们的。"和大家抱成团的我内心有了无比力量，高兴时，有一群人跟你分享快乐；悲伤时，有一群人为你分担忧愁。从此在工作上遇到再难处理的情况我都无所畏惧了。

而工作室里最考验人的一项任务是定期出书。当于老师第一次布置这项任务时，我觉得这绝对不可能完成。一年时间，由我们这些连教育叙事和案例分析都搞不清楚的人出一本书？于老师微笑着告诉我们不要怕，让我们先从自己身边最平常的小故事开始写起。于是，我们每个月都悉心记录着自己和班上孩子们之间发生的点点滴滴。而令我们没想到的是，在师傅耐心又严厉的指导下，我们这些徒弟居然真的就创造出了一个个奇迹。半年后，我们有了自己工作室的年刊——《荷风》和《莲韵》，而这两本小文集对于我们的鼓励是无法用言语来描述的。

我们写的小故事真的陆续变成了铅字。除了不定期会有杂志刊登我们的文字以外，根据我们2014年写的案例汇编而成的《优秀教师都是沟通高手》《最好的教育在哪里》《教室里发生了什么》都已经出版，甚至有学校拿来当作本校班主任培训的教材。我清楚地看到了坚持积累加上正确引导的惊人成果。

最值得一提的还有我们每周三的沙龙研讨。对此，于老师有严格设置——要参加，就得在规定时间前提交第一轮思考，文章合格才能参加讨论。沙龙里除了一线教师以外，还有省教科院的专家、南京师范大学的教授和各大杂志编辑。我们每周三讨论不同的话题。沙龙的整理稿受到各大杂志微信的欢迎，甚至到了疯抢的程度。在不断学习中，我的面前打开了一扇又一扇可看到不同风景的窗户，令我受益匪浅，而我对自己的实际工作也有了更深层次的思考。这个学期，我已经开始申报自己班主任工作研究的独立课题，也开始指导自己学校新班主任们的日常工作。

在于洁工作室里，既有家的温暖，又有团队的支撑，还有先行者的引领，在这样的幸福下，我的职业倦怠自然不治而愈了。3年来，我努力追随着师傅的脚步，生怕一个不小心就落在后面。其间，确实也辛苦。有时为了及时交出沙龙讨论的思考稿，我要写到凌晨，第二天还要早起上早读，家里还有两个孩子要照顾。我的身体是累的，心却快乐无比。

如今的我，已经明白，人生就像一个鸡蛋。外加的是压力，这样打破得到的最多也只是食物，能糊口而已。只有内发的才是动力，这样打破才能获得新生，才能使自己活得更有价值！

（发表于《福建教育》2016年8月）